부부夫婦는 가위다.

두 개의 날이 함께 움직여야 가위질이 잘되듯이,

부부는 일심동체一心同體가 되어야 가정이 행복하다.

님께 드립니다.

여자의 전설

박해양 지음

머리말

여자의 전설을 펴내게 된 이유는,
동서고금東西古今을 막론하고 이 세상이 여성들을 폄훼貶毁, 억압, 탄압 그리고 성차별과 핍박逼迫을 일삼아왔던 대표적인 망언들을 밝히기 위함이다.

아직까지도 이런 망언에 동의하는 꼰대적 남성들에게,
이젠 이렇게 폭력적이고 비인간적인 말들은 구시대의 유물로 묻어버리고, 과거의 악습인 남성우월주의를 폐단弊端하여 진정한 성평등 사회를 추구하고자 함에 의의를 둔다.

우리나라뿐만 아니라 세계 각국에서 글로 표현되고 있거나 전해 내려오는 설화 중 도저히 입에 담기조차 불편하고 민망憫惘한 것들을 모아 모아 이렇게 한 권의 책으로 에디팅editing 하면서 품격을 잃은 남성들에게 경종이 되었으면 하는 바람이다.

2023년 05월

지은이

차례

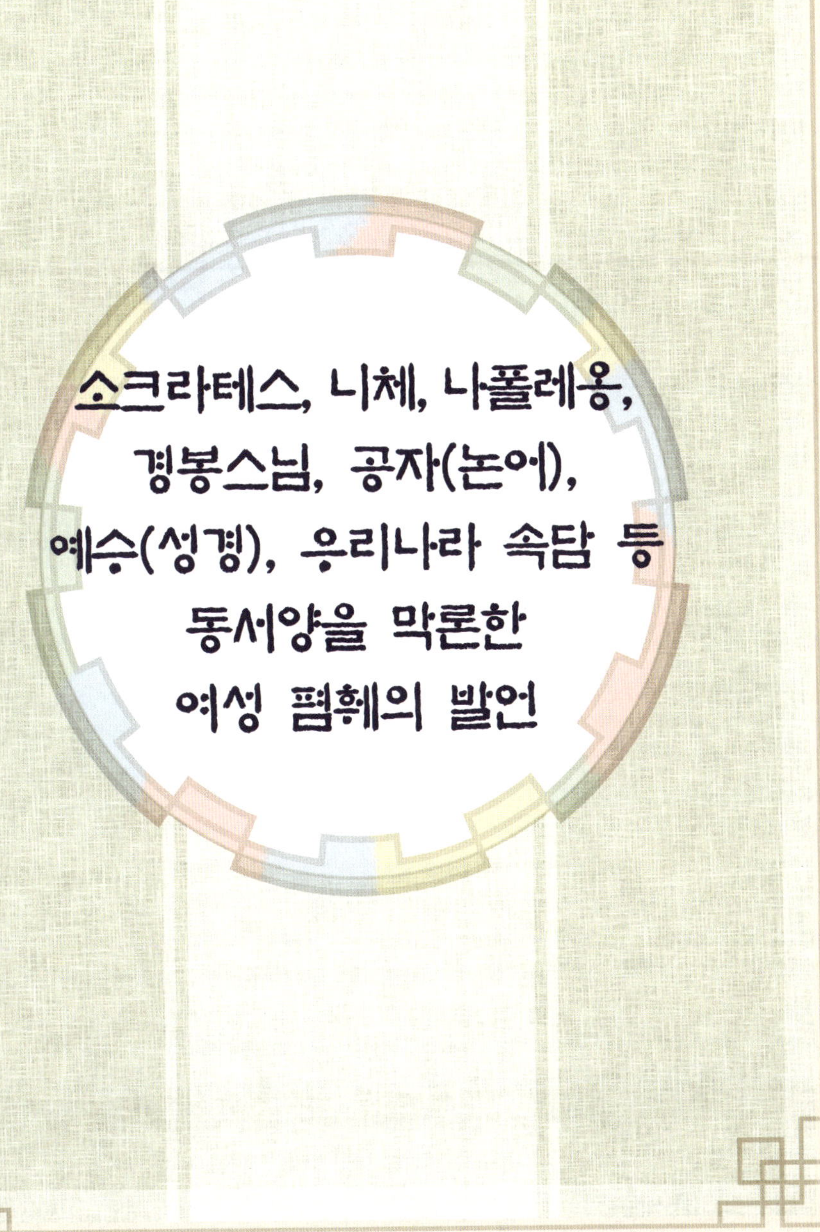
소크라테스, 니체, 나폴레옹,
경봉스님, 공자(논어),
예수(성경), 우리나라 속담 등
동서양을 막론한
여성 폄훼의 발언

감사합니다

고맙습니다.

사랑합니다.

주황 장미•수줍음, 첫사랑의 고백

넘어지지 않는 말馬이 훌륭한 말이고, 잔소리하지 않는 마누라가 훌륭한 마누라다.

백 년 묵은 산삼山蔘 열 뿌리 먹는 것보다, 마누라 잔소리 한 번 덜 듣는 편이 훨씬 남편 건강에 도움이 된다.

되는 집안 여자들은 마음을 뜯어고치고,
안되는 집안 여자들은 얼굴과 가슴만 뜯어 고치려 한다.

해바라기•일편단심

여자女子는 말속에 마음을 담고, 남자男子는 마음속에 말을 담는다.

여자는 가슴이 클수록 머리가 좋고, 엉덩이가 클수록 똑똑한 아이를 출산出産할 확률이 높다. 엉덩이의 지방이 태아胎兒의 두뇌頭腦 형성에 이용되기 때문이다.

웃음은 마음의 조깅이다. 여자들이 잘 웃기 때문에 남자들보다 평균 8년이나 더 오래 산다.

빨간 튤립•배려, 사랑의 고백

대부분 여인들은 허리는 가늘지만 그들의 질투嫉妬 깊이는 수천 마일이나 된다고 하니, 이를 어찌하오리!

신혼여행新婚旅行을 의미하는 허니문honey moon은 허니 와인에서 유래되었다.
북유럽에서는 신혼여행을 떠날 때 달콤한 와인을 챙겨간다.
그 이유는 와인을 마시면 최음효과와 함께 남자의 성적 능력을 극대화시켜 여성의 다산多産에 도움을 주는 사랑의 묘약妙藥으로 생각했기 때문이다.

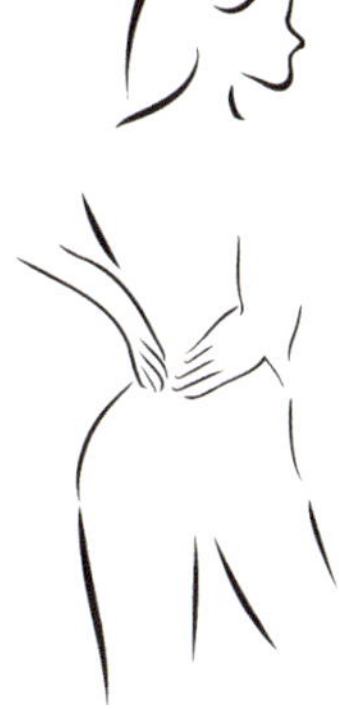

남자가 여자를 꽃이라 함은 꺾기 위함이고,
여자가 여자를 꽃이라 함은 시듦이 슬프기 때문이다.

보라 나팔꽃•냉정, 평상

인간人間은 신神의 비밀秘密이고, 힘은 남자의 비밀이며, 성性은 여자의 비밀이다.

경봉스님의 설법 한마디.

소금은 바닷물에서 나왔지만, 물에 들어가면 녹아 없어지고, 봄꽃은 비바람으로 피어나지만, 비바람 때문에 떨어지며, 사람은 여인의 몸에서 나왔지만, 여인 때문에 쓰러진다고 하였으니, 헐~

남자는 거짓말 나라의 서민庶民이지만,
여자는 거짓말 나라의 귀족貴族이다.

- 에르망 -

가지•진실

여자들은 돈을 버는 일은 남자의 일이고, 쓰는 일은 여자의 일이라 생각한다. - 쇼펜하우어 -

여자 앞에서 무릎 안 꿇는 남자 없다.
여자 앞에서는 나라님도 무릎을 꿇어야 한다. 사랑할 때는~

서양 격언格言에 의하면 아무리 게으른 여자일지라도 혓바닥만은 게으름을 피우지 않는다고 했다.
서양 격언을 미투 고발합시다. (ㅎㅋ)

강아지풀•동심, 노여움

♥ 여자는 속이 고와야 하고, 남자는 속이 넓어야 한다.

🌹 결혼結婚 초에는 모든 아내들이 남편을 GOD神으로 모시다가 조금 지나면 왠지 모르지만, 알파벳 순서가 뒤집혀서 GOD神가 DOG(개)로 된다.

👠 버선 안 맞는 것은 고쳐 신으면 되지만,
부부夫婦 안 맞는 것은 못 산다.

카라•순결함, 순수함

성욕性慾이 있다는 것은 아이를 낳을 힘을 갖고 있다는 것이다.

톨스토이가 말하기를 여자는 화로火爐 앞에서 일어서는데도 77번 마음을 바꾼다고 하였다.
여자는 자주 마음을 바꾸기 때문에 항상 남자보다 깨끗한 마음을 유지하고 있다. 진짜 헐~이네.

여자가 말이 없는 남자를 좋아하는 이유는 자신이 많이 씨불이고 싶어서다.

핑크 카네이션•감사합니다.

여자와 흙의 공통점共通點은 둘 다 놀라운 '창조創造의 힘'을 가졌다는 것이다.

남녀男女 간에 잘 났네, 못났네 따져 봤자 컴컴한 어둠 속에서는 모두 똑같다.
(지나치게 따지는 것은 어리석은 행위다)

남자는 죽고 싶지 않아서 살을 빼려고 하고,
여자는 죽어도 좋으니 살을 빼야겠다고 생각한다.

치자나무•청결

현명賢明한 여자는 물에 빠져도 남편 반찬거리를 잡아 나온다고 했으니!

'수덕사修德寺의 여승' 이란 노래는, 스스로 사랑을 버리고 수덕사의 여승女僧이 된 유명한 여류 시인이었던 일엽스님(本名 김원주)의 일화逸話를 모티브로 한 노래이다.
참고로, 그의 아들 일당스님(本名 김태산)이 그린 김일성 초상화肖像畫는 김일성 종합대학에 걸려 있다.

이스라엘 격언格言에 의하면 여자는 입을 다물고 있어도 거짓말을 한다고 하였는데, 이 격언을 믿어야 할지 말아야 할지 진퇴양난進退兩難이로다.

천일홍•매혹, 변치 않는 사랑

미인美人이 따로 없고 정들면 다 미인이다.
곰보도 정들면 보조개로 보이니까.

아내와 자식이 있는 남자는 운명運命에 저당抵當 잡힌 것이다. 왜냐하면 처妻와 자식은 사업事業을 하는 데 있어서 좋든 나쁘든 방해妨害가 되기 때문이다.

– 베이컨 –

여자와 술을 마신 사람에게 침묵沈默을 강요하는 것은 수도승修道僧의 고행과 같다.

민들레•감사하는 마음

남자는 신체적身體的으로 가까이 있는 여성에게 연애戀愛의 감정感情을 느낀다.

여자는 보기에는 정숙貞淑할지라도 대체로 낮에는 차고 밤에는 뜨겁게 끓어오른다. 현실現實은 밤낮 뜨겁다.
왜?
서점書店에는 손님이 없어도 러브모텔에는 빈방이 없으니까.

여자가 벌집의 말벌처럼 어디에서나 냉정함을 유지할 수 있다는 것은 바로 여자가 교활狡猾하다는 증거證據이다.

– 니체 –

황매화•숭고, 고귀

얼굴이 못생긴 여자가 가장 좋아하는 말은 '마음이 고와야 여자지.'

황금黃金의 빛은 마음에 어두운 그림자를 만들지만, 애욕愛慾의 불은 마음에 검은 그을음을 만든다고 했다.
밝은 마음을 위해 돈과 색(色, 여자) 즉, 자나 깨나 돈 조심, 여자 조심.

여자는 자신을 위해 노력努力하는 남자에게 감동感動하고, 남자는 자신을 위해 희생犧牲하는 여자에게 마지막 순정純情을 바친다.

할미꽃•공경, 슬픈 추억

여자는 칭찬稱讚받으면 여왕女王이 되고, 남자는 칭찬 받으면 어린애가 된다.

여자의 가장 큰 낭비浪費는 아름다운 여자가 화장化粧하는 것이고, 갑돌이와 갑순이가 결혼結婚하지 못한 이유는, '갑'씨 즉, 동성동본同姓同本이라서 결혼하지 못했다.

여자의 몸은 둔탁한 무쇠와 같아서 뜨겁게 달구지 않으면 녹이 슬고, 남자의 부드러운 손길이 없으면 몸에 가시가 돋는다.

프리뮬러•행복의 열쇠, 가련

여자는 수다로 남자를 질리게 하고, 남자는 침묵沈默으로 여자를 오해하게 한다.

여자(특히 아내)와 말싸움에서는 무조건 져주어야 한다. 여자에게 말로써 이길 수도 없지만, 혹 이기더라도 소탐대실小貪大失이 되니까.

결혼結婚은 남자에게 분명한 슛 골인이다.
무슨 골? 자살골!

파키라•행운, 행복

화조花鳥란 꽃을 찾아다니는 새라는 뜻으로, 바람둥이를 일컫는 말이다.

엿 먹어라! 의 엿은 남사당 패거리에서 여자女子의 성기性器를 뜻하는 은어隱語다.
즉, 엿 먹으라는 상대방에게 모욕侮辱을 주기 위함이다.

여자는 자랑할 일이 생기면 친구親舊를 찾아가고,
남자는 괴로운 일이 생기면 친구를 찾아간다.

토레니아•가련한 욕망

♥ 자기주장이 강強한 여성女性을 좋아할 남자는 없다.

계집의 유래는 모계母系 중심 사회에서 집에 계시는 사람이란 뜻으로 사용되었으나, 점차 부계父系 중심 사회로 바뀌면서 계집이라는 단어 자체가 하대下待의 뜻으로 쓰이게 되었다.

여자는 월경月經에 지배支配받고, 남자는 월급月給에 지배받고, 과부寡婦는 월담초(부추)에 지배받는다.

코스모스•소녀의 순정

사랑의 신비는 영혼靈魂 속에 자라지만 그래도 육체肉體는 사랑의 책이다.

'바가지 긁는다'에서 바가지의 유래由來는 19세기 우리나라에 쥐통(콜레라)이 창궐猖獗했을 때 바가지를 문질러 시끄러운 소리를 내면 쥐(콜레라)귀신이 도망간다는 것에서 유래되었으며, 듣기 싫은 소리 중 가장 으뜸인 것은 남편을 향한 아내의 잔소리(바가지 긁는 소리)다.

러시아 격언格言에 의하면 여자에게 비밀祕密을 털어놓는 것보다, 물이 새는 배로 바다를 건너는 편이 낫다고 했다.

제비꽃•순진한 사랑

남자는 늙어감에 따라 감정感情이 나이를 먹고,
여자는 늙어감에 따라 얼굴이 나이를 먹는다.

81세는 90살까지 살기를 바라는 나이라는 뜻에서 망구望九라 하였고, 할망구란 망구(90세)를 바라는 할머니란 뜻이다. 88세를 미수米壽, 90세를 졸수卒壽 혹은 모질耄耋이라고 한다. 모질의 모耄자는 늙을 로老 밑에 털 모毛를 씀으로써 몸에 난 털까지 하나도 남김없이 늙어버렸다는 뜻이다.

남자를 낙원(樂園, 에덴동산)에서 쫓겨나게 한 것이 여자지만,
남자를 다시 낙원으로 인도引導할 수 있는 것도 여자다.

작약•수줍음

♥ 여자는 속이는 여자와 속는 여자로 나뉠 뿐이다.

– 쇼펜하우어 –

마누라는 고려高麗 후기 몽골에서 들어온 말로서, 조선 시대 '대비 마노라', '대전 마노라'처럼 마마와 같이 쓰였던 극존칭어極尊稱語였다. 그러다가 조선 후기부터 늙은 부인이나 아내를 가리키는 말로 변천變遷되었다.

여자의 마지막 이름.

딸! 여보! 엄마! 이렇게 불릴 때는 너무나 따뜻하고 뿌듯하지만, 여자의 마지막 이름 할머니는 왠지 슬프다.

온시디움•순박한 마음

여자는 자기의 외모外貌를 가장 중히 여긴다.

- 탈무드 -

호치아미 명왈벌성지부 皓齒蛾眉 命曰伐性之斧,
흰 이빨과 고운 눈썹을 지닌 미인美人은 남자의 목숨을 찍는 도끼이고,
감취비농 명왈부장지약 甘脆肥濃 命曰腐腸之藥,
달고 무르고 기름지고 맛이 진한 음식은 창자를 썩게 하는 약이다라고 한漢나라 매승枚乘이 말했다.

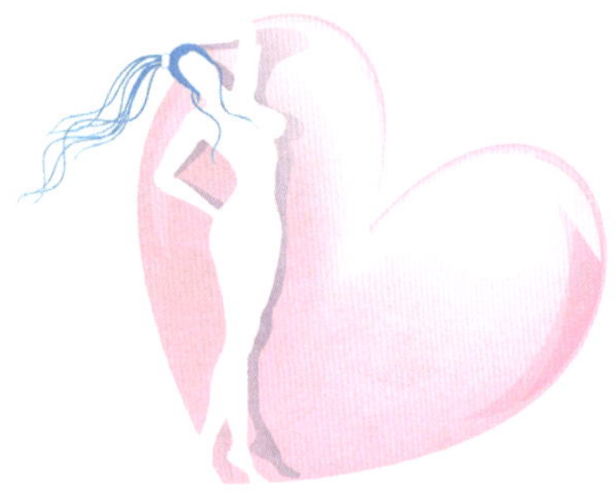

구약성서舊約聖書에서 이브가 선악과善惡果를 따 먹었다는 것을 한국 사람이 창시한 어떤 신흥종교에서는, 아담이 이브를 따 먹었다고 해석하고 있으니, 나~원 참!

에크메아•만족

아첨阿諂은 여자의 몸에 꼭 맞는 의상이다.

- 키에르케고르 -

초목 타는 불은 가랑비로도 끄지만, 과부寡婦 가슴 타는 불은 소낙비로도 못 끈다는 속담俗談이 있듯이, 봄바람은 여인네들 가슴을 흔든다고 하니, 남자들이여 경계하라 봄바람을....

여자女子는 자신을 웃긴 남자男子를 생각하고,
남자는 자신을 울린 여자를 생각한다.

붉은 양귀비•위안, 몽상

여자의 나체裸體는 신神의 작품이다.

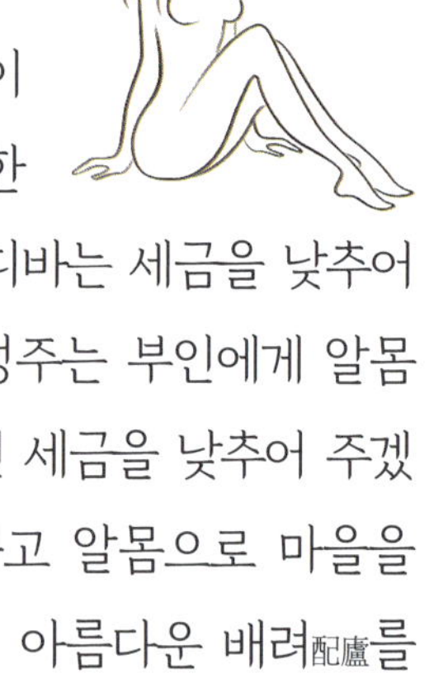

여성의 알몸 훔쳐보기 원조,

11세기 영국 코벤트리 지역에 레오프릭이란 욕심慾心 많은 성주가 주민들에게 과도한 세금을 거두자 17세의 아름다운 아내 고디바는 세금을 낮추어 줄 것을 애원하였고, 이를 귀찮게 여긴 성주는 부인에게 알몸으로 말을 타고 마을을 한 바퀴 돌고 오면 세금을 낮추어 주겠다고 하자, 고디바는 고민 끝에 말을 타고 알몸으로 마을을 한 바퀴 돌았다. 이때 백성들은 고디바의 아름다운 배려配慮를 눈치 채고 모두 문을 걸어 잠그고 바깥출입을 삼가하였지만, 양복쟁이 톰Tom만은 호기심을 참지 못해 몰래 훔쳐보다가 벌을 받아 눈이 멀어졌다. 이러한 스토리로 인해 타인의 사생활을 몰래 훔쳐보는 관음증 환자觀淫症患者를 'Peeping Tom'이라 부르게 되었으며, 관음증 환자를 가리키는 영어는 'Voyeur'인데, 시공을 초월하여 한국말과 영어의 발음이 '보여'로 들린다.

여자는 지배支配하는 것이 아니라 재배栽培하는 것이다.

안스리움•사랑의 번뇌, 불타는 마음

젊은 여자의 입에서 나오는 싫다는 말을 싫은 것이 아니다.

- 스페인 격언 -

고디바 초콜릿의 탄생은 주민들의 세금稅金을 낮추기 위해 알몸으로 말을 타고 마을을 돌았던 성주城主의 아내 고디바의 숭고崇高한 정신을 기리기 위해 1926년 초콜릿의 장인인 요셉 드랍스가 벨기에의 수도 브뤼셀에 있는 그랑플라스 광장 한 귀퉁이에 상점을 열면서 시작한 것이 세계 굴지의 명품 초콜릿 브랜드로 성장하였다.

거울은 여자들의 가장 좋은 의논議論 상대相對가 되어준다.

아마릴리스•수다쟁이, 자랑

어쩌면 여자란 남자가 끝내 문명화文明化 시킬 수 없는 존재存在일지도 모른다. - 메러디즈 -

조반니 보카치오의 데카메론은 르네상스 풍자문학諷刺文學의 보석寶石이다.

몬페르라토 후작이 섬기던 왕은 호색한이었으며, 그는 몬페르라토후작부인에게 흑심을 품자 후작 부인은 꾀를 내어 왕의 식탁에 계속 암탉 요리만 올렸고, 똑같은 요리에 질린 왕이 왜 암탉 요리만 내어놓느냐고 묻자 후작부인侯爵夫人은 "이제 아시겠죠. 모든 암컷은 겉을 어떻게 꾸미든 속은 똑같습니다." 이 말을 들은 왕은 자신의 탐욕貪慾을 반성하게 되었다고 한다.

여자들은 정신적精神的 승화昇華에 익숙하지 않기 때문에 넘치는 성욕性慾으로 고통받는다. - 프로이드-

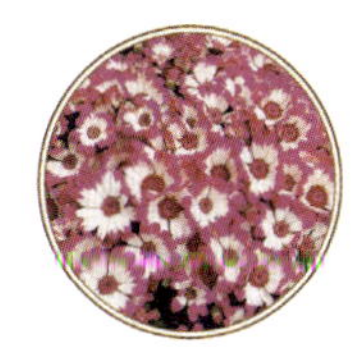

시네라리아•쾌활, 항상 즐겁다

여자女子는 항상恒常 딴 속셈을 품고 있다. - 데튜슈 -

여자는 언제나 이국異國땅이다. 남자가 젊어서부터 평생 여자라는 토지土地에 머물러 있어도 여자의 토지土地는 늘 이국땅일 수밖에 없다. 그 토지에서 일어나는 풍습風習, 언어言語, 정책政策 등을 완전히 이해하기란 수도승의 고행보다도 더 어렵기 때문이다.

여자들이 혼자 있을 때 어떻게 시간時間을 보내고 있는지를 남자들이 보았다면 결코 여자와 결혼結婚하지 않을 것이다.

- 오 헨리 -

술패랭이•언제나 사랑

여자는 수시로 뒤에서 남을 비난非難하고 비교比較한다.

- 티벳 속담 -

"여인女人의 침실寢室을 거부하는 자는 벼락 맞아 죽어라"고 대大 철학자 니체는 외쳤다.

남자들이여!

벼락 맞아 죽기 싫으면 여인의 침실 유혹誘惑을 거부하지 마시길.

거울은 여자女子들에게 가장 좋은 친구다. 교도소矯導所 안에서도 여자들은 거울과 빗만 있으면 지루함을 느끼지 않으니까.

센토리아•고독, 미모, 그리움

❤ 여자란 신神의 두 번째 실패작失敗作이다. - 니 체 -

🌹 여자가 위대偉大한 업적業績을 이룬다면 우리는 그녀를 어떤 남자보다 우러러볼 것이다.
왜냐하면 여자가 그런 업적을 이루리라 기대하지 않기 때문이다. (현실은?) - 키에르케고르 -

👠 거짓말쟁이가 아닌 여자도 어딘가에 몇 사람은 있을 것이다.

-S.몸-

산국•순수한 사랑

여자에게 가장 엄격嚴格한 것은 여자이다.

연애戀愛란 남자의 생애生涯에서는 하나의 삽화插畫에 불과하고, 여자의 생애에서는 역사歷史 그 자체라고 스틸 부인이 말했지만 현실은 글쎄~.

여자의 정조貞操는 음식점 도마 위와는 달라서 상처傷處가 나면 날수록 값이 떨어진다. - 르나아르 -

분꽃•수줍음, 소심, 겁장이

암탉이 울고 수탉이 침묵沈默을 지키는 집은 가련한 집안이다.

- J. 플로리오-

재수 좋은 년은 앉아도 요강 꼭지에 앉고, 재수 없는 년은 자빠져도 가시밭에 자빠지며, 재수 없는 포수 놈은 곰을 잡아도 웅담熊膽이 없다고 우리 속담은 전하고 있다.
항상 감사感謝하는 마음이 재수財數를 불러온다는 사실.

남자男子는 여자女子를 사랑하면 그 여자를 위해서 무엇이든지 다 해주지만, 단 한 가지 해주지 않는 것은 '영원한 사랑'이다.

복수초•영원한 행복

♥ 성性폭행은 영혼靈魂의 살인殺人이다.

미인美人을 애인愛人으로 두면,

- 눈은 극락極樂 : 황홀경, 눈요기,
- 마음에는 지옥地獄 : 껄떡대는 놈들 때문에,
- 지갑은 고문拷問 : 유지관리비 엄청나게 들어간다.

미국 격언에 의하면, 여자가 없는 집은 이슬이 내리지 않은 바싹 마른 풀밭이라고 하고 있다. 바로 여자의 소중함을 한마디로 표현表現한 것이다.

버베나•단결, 단란한 가족

여자는 깊이 있는 척하는 껍데기에 불과하다. - 니체 -

여자는 악마惡魔가 만든 천사天使이고, 남자는 천사가 만든 악마이다.
여자는 겉보기에 천사처럼 아름답지만, 악마의 본성本性이 언제나 도사리고 있다. - 라로슈푸코-

여자는 자기도 시계時計를 차고 있다는 걸 남에게 보이기 위하여 차고 다닌다.
시계가 고장故障 난 것인지는 중요重要하지 않다. - 칸트 -

방울꽃•만족

♥ 남자는 대가리가 둘이라서 머리가 좋고, 여자는 입이 둘이라서 말이 많다.

신神이 여자가 남자를 지배支配하도록 하였다면, 신은 아담의 머리에서 이브를 만들었을 것이고, 여자를 남자의 노예奴隷가 되기를 원하였다면, 아담의 발에서 여자를 만들었을 것이다. 그러나 신은 남녀평등을 원하였고, 서로 사랑하며 살라고 아담의 심장 옆 왼쪽 갈비뼈로 여자를 만들었다.

가재는 작아도 바위를 등에 지고 살고, 여자는 작아도 천하장사天下壯士를 안는다고 했으니, 여자들이여! 키 작다고 기죽지 마시길!

물싸리•생각이 나요

좋은 아내는 좋은 남편을 만든다. - 영국 속담 -

가시버시 - 부부夫婦

가시어머니 - 장모丈母

가시아비 - 장인丈人

가시나 - 처녀處女(경상도 방언)

가시네 - 처녀(전라도 방언)

계집아이 - 표준標準말

되모시 - 시집갔다 쫓겨 온 거짓 처녀

까막과부 - 신랑과 첫날 꽃잠도 못 자고 홀로 된 처녀과부處女寡婦

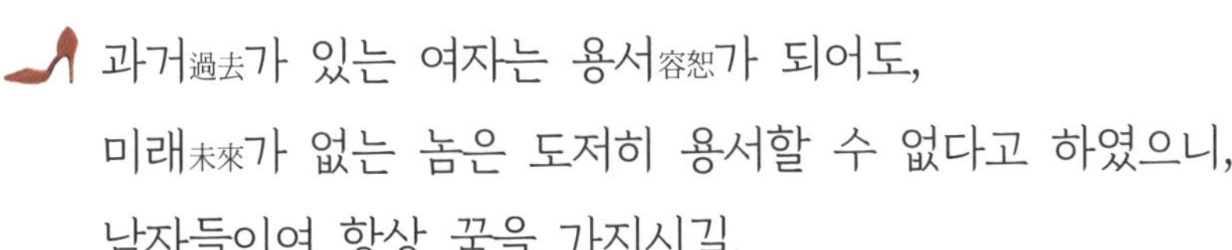

과거過去가 있는 여자는 용서容恕가 되어도,
미래未來가 없는 놈은 도저히 용서할 수 없다고 하였으니,
남자들이여 항상 꿈을 가지시길.

목화•어머니의 사랑

신중慎重하지 못한 여자는 소금을 치지 않은 수프와 같다.

- 영국 격언 -

이탈리아 격언格言에 의하면,
소는 앞을 조심하고(뿔로 떠 받들 수가 있기 때문에),
당나귀는 뒤를 조심하고(뒷발로 찰 수 있음),
여자는 사방을 조심하라고 하였다.

잘생긴 남자가 추근대면 호감표현好感表現이고,
못생긴 남자가 추근대면 성희롱性戱弄이라 하니 헐~.

라넌큘러스•매력, 매혹, 짝사랑

여자는 성공成功을 위해 남자를 고르고, 남자는 여자를 위해 성공하려고 한다.

남편男便을 잘못 만나면 당대 원수怨讐요. 아내를 잘못 만나면 삼대三代원수다.

달걀 모난 데 없고, 잡놈 잡년에게는 의리義理가 없다.
(사방 경계 대상은 잡놈과 잡년)

리시안셔스•변하지 않는 사랑

여자가 교활狡猾하면 남자의 재물운財物運을 막는다.

- 미얀마 속담 -

남자는 불량품不良品,

창조주創造主가 남자를 만들 때 남자의 재료材料는 흙을 사용하였고, 여자의 재료는 뼈(남자의 갈비)를 사용하였으니 여자가 얼마나 고급 품질高級品質인가?

창조주는 고급 품질인 여자에게 인류 미래를 맡겼다.

(아이를 낳게 하였으니까)

착한 며느리보다 악惡한 아내가 낫다.

하얀 라넌큘러스•순결, 영원한 사랑

여자는 사랑할 수 있을 때 사랑하고, 남자는 사랑하고 싶을 때 사랑한다.

인간은 모든 해로운 생물체生物體에 대한 치료법을 개발開發하였으나, 아직 악처惡妻, 악부惡夫에 대한 치료법은 개발하지 못하였다고 하니~ 개발하면 노벨 의학상은 떼 놓은 당상인데~.

못난 여자는 애교愛嬌와 주접을 혼돈混沌하고,
못난 남자는 터프Tough와 괴팍乖愎을 혼돈한다.

동자꽃•기다림

해당화海棠花는 임자가 따로 없다.
(음란淫亂한 여자는 누구와도 관계할 수 있다는 뜻이다)

여자는 사랑하는 사람을 독점獨占하기 위해 노력하고, 남자는 사랑하는 사람의 수를 늘리기 위해 노력한다니 나쁜 놈들.

한량閑良은 죽어도 기생집 울타리 밑에서 죽는다고 하였다.
(제 버릇 개 못 준다는 뜻)

덴드로비움•말괄량이, 미인

♥ 여자는 혓바닥부터 태어났고, 여우는 꼬리부터 태어났다고 하였으니~. -프랑스 속담-

가난도 암 가난과 숫 가난이 있다고 했다.
(여자가 살림을 잘못 살아 가난한 것은 암 가난이고,
남자가 똑똑하지 못하여 쪼들리는 살림은 숫 가난)

여성을 존중尊重하여야 한다. 여성은 하늘나라의 장미를 인간들의 삶과 엮어 놓은 매개체媒介體이니까.

달맞이꽃•기다림, 밤의 요정

남자란 원래 다처주의多妻主義를 갈망渴望한다.

인류人類 최초의 패션은 네 잎 클로버다. 하느님은 이브로 하여금 벌거숭이 패션에서 가장 중요하면서도 수치스러운 부분인 거시기를 네 잎 클로버로 가리도록 하여 에덴동산에서 퇴출退出시켰으니까.

세계 평화世界平和는 시간문제時間問題다.
이 세상 모든 마누라들이 남편을 이해理解하는 순간 세계 평화는 바로 이루어진다.

청노루귀•믿음, 신뢰

♥ 착하고 건강한 아내는 남자男子의 최고最高 재산財産이다.

얼굴의 주름을 얻는데 평생平生 걸린다. 주름, 상처, 흰 머리, 이 모든 것은 한 사람이 치열하게 살아온 삶의 증표證票이자, 기록記錄이자, 역사歷史이다.

(여성들이여! 성형하지 마십시오. 성형하면 당신의 역사가 사라집니다)

늑대 곁에서 안심安心하는 토끼는 없지만, 안심하는 여우는 있다. 그래서 남자는 늑대, 여자는 여우라고 한다.

흰 꽃잔디•우정, 인내, 사려깊음

혼자 사는 여자의 사랑은 결핍의 고통苦痛이고, 부부夫婦의 사랑은 그저 습관習慣이다.

현부령부귀賢婦令夫貴요, 악부령부천惡婦令夫賎이라,
'어진 아내는 남편을 귀貴하게 만들고, 악惡한 아내는 남편을 천賤하게 만든다' 라고 명심보감에서 전하고 있다.
남편을 귀하게 받들어야 자신도 귀하신 몸이 된다는 사실.

대문호大文豪 톨스토이는, "남의 아내는 백조白鳥와 같고, 자기 아내는 쉰 술과 같다"고 했다.

금계국•상쾌한 기분

♥ 여자나 남자나 술을 마시는 것은 섹스의 대체 행위代替行爲이다.

꽃말을 만든 것은 영국英國 빅토리아 시대(1839 ~ 1901)이며, 남자가 여자에게 꽃을 선물膳物할 때 붉은 장미는 사랑, 노랑 장미는 우정 혹은 식어가는 사랑을 뜻한다.
노랑 장미를 여자에게 선물한다는 것은, 우리 이제 사랑은 그만두고 친구親舊로 지내자는 의미意味인 만큼 꽃을 선물할 때는 상대에게 실수하지 않게 꽃말을 잘 생각해야 할 것이다.

영국격언英國格言에 의하면, "착한 아내를 가진 남편男便은 제2의 어머니를 가진 것과 같다"고 하고 있다.

빨간 국화•나는 당신을 사랑합니다.

❤ 여자의 매력魅力은 눈을 사로잡지만, 미덕美德은 영혼을 사로잡는다.

🌹 독일 케린 웨더비 박사의 연구 결과에 의하면, 풍만한 여자 젖가슴을 10분 이상 응시할 시 헬스클럽에서 30분 유산소 운동有酸素運動하는 효과가 있고, 여자의 노출된 가슴 사진을 계속 즐기면 고혈압高血壓, 심장질환心臟疾患, 뇌졸증을 절반으로 줄이는가 하면, 젖가슴을 꾸준히 쳐다볼 시 평균 수명이 4~5년 연장된다고 하였으니 이 정도면 남자의 목숨줄은 여자 가슴에 달려 있다는 것이 확실確實히 증명된 것이다.

여자들이여!
배추 부침개에 케첩 발라 먹는다고 고상해지지 않으니, 진정眞情 고상해지고 싶으면 아름다운 마음을 키우시길!

겹벚꽃•정숙, 단아함

♥ 여자의 꽃다운 얼굴은 한 철이지만 꽃다운 마음은 평생을 지켜 준다.

여자의 외적外的 아름다움은 여름철 과일과 같아서 부패腐敗하기 쉽고 오래가지 않지만, 내적內的 아름다움의 매력魅力은 영원히 사라지지 않는다.

여자의 옷을 입히는 것과 벗기는 것에는 육욕肉慾이 아닌 진정한 사랑이라는 거래去來가 필요하다.

유채꽃•쾌활, 명랑

❤ 쾌락快樂은 병病에 부과되는 부가세附加稅이자 죽음의 심부름꾼이다.

🌹 인도 격언印度格言에 의하면,
만물을 만든 창조주創造主의 두 가지 실수 중, 하나는 금을 만든 것이고, 또 하나는 여자女子를 만든 것이라고 하고 있으니.
(실수하지 않았더라면 남자들은 외로워서 어쩔 뻔했나~)

"제가 남자로 태어나지 않았다는 사실이 천만다행千萬多幸이다. 남자로 태어났다면 여자와 결혼結婚해야 하니까".

- 스타르 부인 -

자목련•고귀함, 숭고한 정신

♥ KTX 고속전철 문에 목이 낀 여자보다 더 불쌍한 여자는 잊혀진 여자다.

식食, 색色, 성性은 자연의 이치理致다.
그러므로 음식飮食을 좋아하고, 여자를 좋아하고, 사랑을 갈망하는 것은 남자들의 타고난 본성本性이다.

폴란드 격언格言에 의하면,
열 명의 여자를 화합和合시키는 것보다 백 개의 시곗바늘을 맞추는 편이 쉽다고 하고 있다.

호접난•행복이 날아온다. 애정의 표시

남자는 사랑했던 사람을 잊기 위해 술을 마시고, 여자는 사랑했던 남자와의 추억追憶을 더듬기 위해서 술을 마신다.

여자의 변천사變遷史

- 20대는 화장발
- 30대는 포장 빨
- 40대는 변장 빨
- 50대는 미장 빨
- 60대는 성형발
- 70대는 가죽 빨

남자들이여!

좋은 결혼結婚은 있어도 행복幸福한 결혼은 좀처럼 없다는 것을 잊지 마시길.

하늘말나리• 순진, 순결

♥ 남자에게 따귀를 맞더라도 명품시계名品時計 찬 놈한테 맞고 싶은 것이 여자의 심정이라 하니. (헐~)

세상世上에서 다른 것은 다 믿어도 세 가지 믿을 수 없는 것은, 하나는 채무자債務者 지갑이고, 다른 하나는 여자의 치마끈이고, 또 다른 하나는 남자의 바지 지퍼다.

사랑하는 여자의 육체肉體를 가지고 싶어 하는 것이 죄罪가 아니라, 사랑하는 여자의 육체를 외면하는 남자야말로 천하에 둘도 없는 죄인罪人이다.

포인세티아•축복, 나의 마음은 불타고 있습니다

남자는 웃기는 여자보다는 웃어주는 여자를 더 좋아한다.

여자하고 이야기할 때는 진실眞實은 죽었다고 생각하고 이야기해야 한다. 안 예뻐도 참 예쁘다.
매력魅力이 없어도 매력 있다. (하얀 백색 거짓말이 최고)

지는 꽃은 다시 피지만, 꺾인 꽃은 다시 피어나지 못한다.
그래서 꽃은 꺾는 것이 아니라 간직하는 것이다.

파리지옥•유혹

미인美人이란 못생긴 여자와 가죽 껍데기 차이다.

- 영국 속담 -

유년기幼年期에는 우주 정복을 꿈꾸고,
청년기青年期에는 세계 정복을 꿈꾸고,
장년기壯年期에는 마누라 정복도 벅찬 우리 대한민국 사내들이여, 무엇을 정복하리. 오히려 송두리째 정복당하지나 말고 살 수 있다면 천만다행~.

속담俗談 한마디,
오래 살다 보면 시어머니 죽을 날 온다.
(서두르지 말고 때를 기다리라는 뜻)

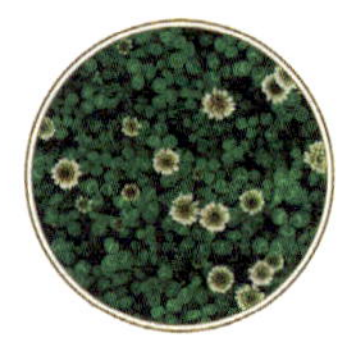

토끼풀•행운, 평화

수많은 세월이 흘러도 여자는 눈물에 의지依支하고, 나쁜 놈은 거짓말에 의지한다.

성욕性慾은 외로움과 정비례한다. 외로우면 외로울수록 남자는 여자를, 여자는 남자를 찾으니까. 그리고 고독孤獨이든 고통苦痛이든 극에 달하면 인간은 성욕조차 느낄 수 없을 정도로 무기력無氣力해진다.

남자와 여자가 한 이불 속에서 잠을 자도 그 꿈은 서로 다르다고 했으니, 부부는 일심동체一心同體가 맞는 것인지~.
(헷갈리고 미치겠다, 정말)

칼세올라리아•나의 재산을 드립니다

화풍병花風病이란 남녀 간에 서로 그리워하는 병이다.

얼굴만 보고 여자를 선택한다는 것은 '포장包裝만 보고 물건物件을 사는 것'과 다를 바 없다. 소중한 것은 마음인데.

사랑중독이란 애정愛情의 대상에게 지나치게 의존依存하고 몰두沒頭하는 것을 말한다.

천남성•현혹, 비밀

여자와 소의 공통점은 단 한 가지, 되새김하는 것이다. 여자는 말을 되새김하고, 소는 여물(먹이)을 되새김한다.

여자들은 가슴을 키우려고 애쓰지 마시고, 마음을 키우는 것이 훨씬 매력적魅力的 이다. 남자들은 성공하고 싶으면 거시기 짧은 것을 고민苦悶하지 말고, 생각 짧은 것을 고민해야 한다.

남자는 여자의 생일生日은 기억記憶하되 나이는 기억하지 말고, 여자는 남자의 용기勇氣를 기억하되 실수失手는 기억하지 않아야 행복한 삶을 이룰 수 있다.

제라늄•그대를 사랑합니다.

남자는 관능적 욕구를 위해서만 여자를 사랑할 뿐이다.

- 스피노자 -

여인들의 필수품必需品인 립스틱 모양이 총알을 닮은 이유는, 세계 1차 대전 때 탄약 공장彈藥工場에서 총알이 남자의 성기를 닮았다는 것에서 아이디어를 얻어 만들었기 때문이다.

잘생긴 여자女子는 인물값 하다가 소박맞고,
못생긴 여자는 꼴값하다가 소박맞는다.

작약•수줍음

남편의 뻥은 아내에겐 꿈이다.
남편들이여 뻥을 세게 칩시다. 아내의 꿈을 위하여~.

인간은 죽음으로써 모든 비극悲劇이 끝나고, 결혼結婚으로써 모든 희극喜劇이 끝난다고 하였으니 이 또한 비극이 아니고 무엇이겠는가?

매화梅花도 한 철이고, 국화菊花도 한 철이다.
(여자들이 나이 먹는 것을 한탄함)

옥잠화•기다림, 추억, 고귀함

수가隨駕란 임금을 모시는 사람을 말한다. 임금을 모신 여인 중 가장 비련의 여인이 왕소군王昭君이다. 왕소군이 흉노족의 두령인 호한 야선우에게 잡혀 머나먼 길, 흉노로 떠나게 된 것을 슬퍼하면서 말안장 위에 앉아 비파를 연주하자 날아가던 기러기 떼가 그 모습을 보고, 그의 아름다운 미모에 취해 그만 날갯짓하는 것을 잊고 땅에 떨어졌다 하여 그녀에게 떨어질 낙落, 기러기 안雁자를 써서 낙안이라는 애칭愛稱이 붙게 되었다.

소군昭君이란 이름은 한漢나라 황실과 황제를 빛내라는 의미로 한나라 원제가 지어준 이름이다. 왕소군은 남편이 죽자 흉노족의 풍습에 따라 장자인 복주루와 재혼하였지만 평생을 고향 땅 한나라를 그리워하다가 흉노 땅에서 생을 마감한 비운의 여인이었다.

청총靑塚, 얼마나 고향을 그리워하였으면, 겨울 북풍으로 인해 모든 풀들이 누렇게 시들어도 오직 왕소군 무덤의 풀들만은 푸르름을 잃지 않았다고 하여 왕소군의 무덤을 청총靑塚이라 부르고 있다.

에리카•고독, 쓸쓸함

♥ 다투며 성내는 여인과 함께 사는 것보다 광야에서 사는 것이 나으리라. - '잠언' 제19절 -

말 없는 보석寶石이 살아있는 인간의 말보다 더 여자의 마음을 움직인다고 하니~ 이를 어찌할꼬!

화성인火星人이 남자고, 금성인金星人이 여자이기 때문에 남자와 여자는 언어와 사고방식思考方式이 다를 수밖에 없다.

하룻밤을 자도 헌 각시다.

유태인 경전經典에 의하면 아내의 적극적 동의同意 없이 성관계性關係를 하거나 성관계 시 아내를 오르가즘에 도달시키지 못할 때는 결혼 생활의 강간强姦이라 하고 있다.

이는 곧 여자의 성性은 위대한 인권人權이자 인격人格의 극치極致라는 뜻이다.

남자들이여!

설왕설래(舌往舌來, 혓바닥)하는 한이 있더라도 여자를 홍콩으로 보내야 한다.

왜?

결혼 생활의 강간이란 불명예를 씻기 위해서, 그리고 세계의 최고봉인 에베레스트산(8,848m)을 정복征服하듯이 온갖 노력으로 아내를 정복하는 것이 가정의 평화를 이룩하는 것이다.

톨스토이 왈,

"여자란 아무리 연구를 계속해도 항상 완전히 새로운 존재存在다"라고 했다.

분홍 안개꽃•사랑의 성공

여자는 항상 망설이면서 변화變化한다.

월궁선녀月宮仙女보다 더 아름다웠던 여인은 조선 문종 때 자동선紫洞仙이다. 중국 사신이 자동선을 보자마자 '아~경국지색傾國之色이로다' 하면서 신음소리를 자아낼 정도로 미인이었지만, 황진이처럼 튀는 행동을 하지 않아서 살짝 감춰져 있던 기생이었다.
자동선紫洞仙은 자하동紫霞洞의 선녀라는 뜻으로 부르게 된 애칭愛稱이다.

탈무드에 의하면,
늙음을 재촉하는 네 가지는, 악처惡妻, 두려움, 노여움, 자식들이라고 하고 있다.

아네모네•배신, 속절 없는 사랑

꽃은 가장 아름다울 때 자신을 버릴 줄 알기 때문에 다시 피어나는 것이다.

여자가 죽는 날까지 듣고 싶어 하는 말은, '지금도 당신이 제일 예뻐' 이 한마디이면 모든 여자는 그냥 뻑 간다. 감동感動 그 자체다. 20대부터 70대 할머니까지, 남자들이여!
가정의 평화를 위해 멋지게 뻥 한 번 아니 계속 칩시다. '당신이 제일 예쁘다고.'

꽃이 아름다운 이유는 생生의 절정絶頂에서 피어남과 동시에 신神이 가장 빛나는 솜씨로 만들었기 때문이다.

시계꽃•성스러운 사랑

웃으면 백설 공주白雪公主, 찡그리면 뱃살 공주가 된다.

동아시아에서 도장 염료로 굳이 여자의 생리生理 색깔인 핏빛 인주印朱를 선택한 이유는, 도장 찍힌 문서의 생명력生命力은 물론 신성성神聖性을 의미하는 것이다.

토자불흘와변초兎子不吃窩邊草란 토끼는 집 근처의 풀은 먹지 않는다는 뜻으로, 바람둥이는 자기 주변의 여자를 건드리지 않는다는 의미로 쓰고 있다.

수선화•자기애, 자존심

악처惡妻를 맞이하는 순간 인생은 흉년凶年의 시작이다.

'어른'이란 말의 유래,
우리나라 옛말로 남녀가 성관계性關係를 맺는 것을 '어르다'라고 하였고, 여기에서 어른이란 말은 성관계를 할 수 있는 나이가 든 사람이라는 뜻이다.

옛사람들이 복숭아를 생명生命의 표상表象으로 취급한 이유는, 복숭아가 여성의 성기를 닮았기 때문이다.

골든볼•끝없는 사랑

남자의 얼굴은 자연自然의 작품作品이지만, 여자의 얼굴은 예술藝術의 작품이다.

전라남도 여수麗水라는 지명은, 고려 왕건이 삼국을 통일統一한 후 전국을 순행巡行할 때, 이 지역 사람들의 인심이 좋고 여인들은 아름다워 그 연유緣由를 묻자, 신하들이 "물이 좋아서 인심이 좋고 여인들도 아름답다"라고 대답하자, 이에 태조 왕건은 그러면 이 지역을 곱다 할 때 고울 여麗자와 물 수水자를 써서 여수麗水 라 하라고 명命한 것에서 유래由來되었다.

남자는, 세계世界가 자신이라 생각하지만, 여자는 자신이 세계라고 생각한다.

- 괴테 -

사랑초꽃•당신을 버리지 않을게요

말수가 적고 친절親切한 것은, 여성에게 있어서 가장 좋은 장식裝飾이다.

- 톨스토이 -

조선 숙종 때 남인의 영수인 허목許穆이 어지러운 정치사政治史를 해결하기 위해 당시 서인과 노론의 당수인 송시열宋時烈을 만나고자 서울에서 지금의 충북 괴산군 정천면 화양동까지 걸어서 갔지만 송시열이 만나주지 않자 던진 한마디,

보지 화양동 步之華陽洞

부알 송선생 不謁宋先生

'걸어서 화양동까지 왔는데 송 선생(송시열)은 나를 만나주지 않는다' 라고 툭 내뱉고 한양으로 올라갔다.

남자는 알고 있는 것을 말하고,
여자는 남이 기뻐하는 말만 지껄인다.

- 루소 -

부처꽃•비연, 슬픈 사랑

가정家庭은 마음의 조국祖國이다.

꿈DREAM이란 말은 여자들이 보석寶石을 갖고 싶어 하는 사치스러운 욕심慾心에서 탄생誕生한 것이다.

- 다이아몬드(Diamond)의 D
- 루비(Ruby)의 R
- 에메랄드(Emerald)의 E
- 아메시스트(Amethyst, 자수정)의 A
- 문스톤(Moonstone)의 M에서 꿈(Dream)이 탄생하였으니까.

여자는 혀가 길고, 남자는 손이 길다.
(여자는 말이 많고, 남자는 일이 많다는 뜻)

-속담 한마디-

복사꽃•사랑의 노예, 희망, 용서

헌 옷을 얻어 입으면 걸레 감만 되고, 헌 서방을 만나면 송장만 치룬다.

피그말리온 효과效果란

조각가 피그말리온이 여인상을 조각하고 난 후 여인상女人像 이름을 갈라테이아Galatea라 지었다. 세상의 어떤 살아있는 여자보다도 더 아름다운 갈라테이아를 진심眞心으로 사랑하게 되자, 미美와 사랑의 여신女神인 아프로디테는 피그말리온의 사랑에 감동感動하여 갈라테이아에게 생명을 불어넣어 서로 사랑하게 하였다.

피그말리온 효과란 간절히 원하면 이루어진다는 것을 보여주는 그리스 신화神話다.

남자들에게 행복幸福은, 얼마나 예쁜 여자와 사느냐가 아니라 여자가 얼마나 예쁘게 웃어 주느냐에 달려 있다.

백합•순결, 변함 없는 사랑

아내에게 잔소리를 듣지 않는 남편은 천국天國에만 있다.

아리랑의 유래는 다양하지만, 그중에서도 흥선 대원군이 경복궁景福宮을 건립할 때 전국 각지에서 선발된 부역賦役꾼들이 노역勞役에 시달리고 고향을 떠난 외로움과 사랑하는 아내, 여인과 떨어져 있음을 한탄恨歎하면서 "나는 임을 이별離別하네" 라고 부른 아이랑我離娘이 훗날 아리랑이 되었다.

하자는 년에게 못 당한다.
(악을 쓰고 덤비는 사람은 당할 도리가 없다는 뜻이다)

바람꽃•덧없는 사랑, 비밀스러운 사랑

아내는 집안의 열쇠다.

화강첩모강 花强妾貌强, 꽃이 예뻐요? 제가 예뻐요?
화약승어첩 花若勝於妾, 꽃이 저보다 예쁘시거든,
금소화동숙 今宵花同宿, 오늘 밤은 꽃을 안고 주무세요.

길에서 갑자기 봉변逢變당했을 때, 남자는 지갑紙匣을 들여다보지만, 여자는 거울을 들여다본다.

물봉선•나를 건드리지 마세요

여자가 예쁘게 보이고 싶다는 마음은 건강하다는 증거證據다.

운동運動은 꾸준함이 생명生命이다.
일시적으로 몇 번 하는 것은 도움이 안 된다. 그리고 불끈불끈한 팔근육이나 복근腹筋은 여자들의 눈요기를 위한 육체적 미용美容의 사치奢侈에 불과하다.

영국 속담英國俗談에 의하면 아내는 평화를 짜는 사람 Peace Weaver이라고 하고 있다.

흰 목련•자연애

맑은 거울은 못생긴 여자에게는 원수怨讐고, 아름다운 여자에게는 애용품愛用品이다.

꽃이 꿀을 품고 있으면 소리쳐 부르지 않아도 벌 나비가 스스로 찾아온다는 속담은, 마음이 아름다운 여자에게는 뭇 남자들이 사랑을 고백한다는 것이다.

개에게 한 말은 안 새 나가도, 아내에게 한 말은 새 나간다는 속담俗談의 뜻은, 사람 사이에 비밀 유지가 어렵다는 것이다.

매화•인내, 고결한 마음

쇠꼬리는 오래 삶을수록 맛이 나고, 여자는 나이를 먹을수록 제맛이 난다.

시인詩人이자 수필가隨筆家인 피천득은,
착한 아내는 행복幸福의 제조자製造者이자 인도자引導者라고 하였고, 탈무드에서는 아내를 괴롭히지 마라. 하나님은 아내의 눈물방울을 세고 계신다고 했다.

여자가 경솔하면 사생아私生兒를 낳고,
남자가 경솔하면 부채負債를 낳는다.

– 이어령 –

리시안셔스•변치 않는 사랑

향기香氣 있는 여자는 때 묻지 않은 맑은 바람과 같다.

세상의 모든 근심 걱정을 희석稀釋시키고 정제精製해서 언제 그랬냐는 듯 시름을 연기처럼 사라지게 하는 것은 여자와 술뿐이다.

여자는 울었기 때문에 세수하지만, 남자는 울기 위해 세수를 한다. 눈물을 감추기 위하여.

노란 라넌큘러스•넘치는 가정의 행복

여자의 미모美貌는 냄새와 같아서 그 효과效果는 매우 짧다.

여자의 가슴은 봄과 여름을 오가지만, 남자의 가슴은 가을과 겨울을 오간다.

그래서 남자의 술잔에는 늘 눈물이 절반折半이다.

남자는 함부로 무릎을 꿇지 않지만, 사랑하는 여자 앞에서 무릎을 꿇는다는 것은 사랑하는 여자를 가졌다는 특권特權이다.

동의나물•다가올 행복

♥ 옷은 낮에 봐야 곱고, 여자는 밤에 봐야 곱다고 했다.

-속담 한마디-

처자식妻子息에게 저당抵當 잡힌 사내의 오른손에는 언제나 술 한 병이 쥐어져 있고, 왼손에 든 술잔에는 삶의 눈물만 가득 넘실거린다.

'계집 여럿 사귀는 놈은 들어가는 방房마다 말이 다르다'는 속담은, 떳떳하지 못하면 핑계만 된다는 뜻이다.

블루 데이지•사랑의 점괘보기

여자의 본심本心은 싸울 때 드러나고, 남자의 본심은 취중醉中에 드러난다.

얼굴이 아름다운 여자는 과거過去가 있어도 용서容恕가 된다고 했던가?
과거를 용서받기 위해서는 과거가 현재現在에 남아 있지 않아야 한다.

속담俗談 한마디,
뱀굴과 여자의 속은 알 수 없다.

분홍 달리아•당신의 마음을 알게 되어 기뻐요.

좋은 아내와 건강健康은 최고最高의 재산이다.

사람은 슬플 때 울지 않으면 목소리가 상傷한다. 그리고 몸속 장기臟器가 대신 운다. 우리나라 여자들이 남자들보다 8년 더 오래 사는 이유理由는, 떠들고 진상 떨고 욕辱하고 같이 웃고 울기 때문이다.

접근接近하는 남자는 거절하고, 미워하는 남자를 사랑하는 것이 여자의 일반적一般的인 상식常識이다.

– 세르반테스 –

노루귀•인내, 믿음, 신뢰

여자의 마음은 지금의 시대에 와서도 아직 다 알 수 없는 깊은 연못이다.

\- 도스토예프스키 -

가시 없는 장미薔薇는 없다고 했다. 여자가 외모의 아름다움으로 남자의 눈길을 사로잡는 것은 반드시 그 내면內面에 사람을 해치는 독소毒素를 지니고 있다는 뜻으로, 마음이 아닌 외모外貌만 아름다운 여인女人을 경계警戒하라는 것이다.

미인美人과 바보는 형제간兄弟間이다.
(얼굴이 예쁜 대신, 머릿속은 비어 있는 여자를 말한다)

꽃잔디•온화

여자의 인품人品은 훌륭한 결혼 지참금持參金이다.

황진이의 출생 비밀,

황진이黃眞伊 어머니는 처녀의 몸으로 사랑하던 황씨 집안 총각의 아이를 임신하게 되자, 낙태落胎하려고 독초毒草를 구해 먹고 그만 잘못되어 눈이 멀고 말았다. 사랑하는 남자의 출세를 위해 모르는 사람에게 겁탈劫奪당했다고 집안과 동네 사람들에게 끝까지 거짓말을 하였지만, 결국 황진이가 태어나자, 자신은 거짓말을 하면서 살아왔으니 너만은 진실眞實하게 살아달라고 이름을 진이眞伊라고 지었다고 한다.

황진이가 시대時代를 뛰어넘어 유명有名해진 이유는 당시 남자들도 하지 못했던 시대의 부조리不條理와 맞서 싸웠기 때문이다.

금강초롱•청사초롱

여자女子의 지옥地獄은 늙음이다.

황진이의 마지막 유언.

"나는 천하의 남자들을 사랑하기 위해 스스로 자애自愛할 수 없어 마침내 이 지경에 이르렀으니, 내가 죽거든 금수錦繡도 관棺도 씌우지 말고 옛 동문 밖 물가 모래밭에 시신屍身을 버려 주십시오. 개미, 땅강아지, 여우, 살쾡이에게 내 살을 뜯어 먹게 하여 세상 사람들로 하여금 나 같은 사람을 경계境界하도록 해야 합니다."

유언遺言에 따라 동문 밖 물가에 시신을 버렸지만, 그녀를 진실眞實로 사랑했던 당대 최고最高의 문장가文章家 소세양(소양곡)이 그를 거두어 주었다.

여자는 남편男便 옆에 암고양이만 있어도 질투嫉妬한다.

노란 국화•짝사랑, 실망, 슬픔

♥ 여자의 눈물에 슬퍼하거나 감동感動하지 말라. 신神은 여자를 울도록 만들었으니까.

진정으로 아내를 사랑한다면 자녀에게는 현모賢母, 남편에게는 양처良妻, 침실에서는 요부妖婦가 되도록 배려해 주어야 한다. 그리고 성행위는 자손子孫을 번창繁昌시키고, 쾌락快樂을 느끼게 하며, 건강健康을 지켜주는 1석 3조의 장점을 가지고 있다. 열심히 사랑합시다. 우리!

오래 편하게 걸으려면 좋은 신발이 필요必要하듯, 행복幸福하게 오래 살려면 좋은 인연因緣이 필요하다.

유칼립투스•추억

콧김 입김 다 쏘인 여자다. (음란淫亂한 여자라는 뜻)

동숙의 노래 속 기막힌 사연.
1960년대 어려운 시절 동숙은 초등학교를 졸업하자마자 구로공단 가발 공장에 취직就職하여, 시골에 계시는 부모님과 동생들을 위해 매달 월급月給을 보냈다. 선생님이 꿈이었던 그녀는 종로에 있는 학원에 다니면서 학원 선생님을 사랑하게 되었고, 마침내 그에게 몸과 마음은 물론 적금까지 털어서 선생님의 아버지 병원비를 지불하였지만, 선생님은 동숙을 배신背信하고 다른 여자와 결혼하겠다고 하자, 그녀는 배신감을 참지 못하여 비수로 선생을 찌르고 말았다. 경찰서에서 조사調査를 받으면서도 오직 선생님 걱정만 하는 동숙의 사연事緣이 사랑의 수기로 잡지에 실리자, 이 사실을 한산도 작사, 백성호 작곡, 문주란이 18세 때 불러 히트한 노래가 바로 '동숙의 노래'다.

성욕性慾과 사랑의 목표目標는 동일하다.
(안고 싶은 마음)

노란 프리지아•천진난만, 자기자랑

여자의 생애生涯는 애정愛情의 역사歷史이다.

여자는 얼굴이 권력權力이고 재산財産이지만, 남자는 몸이 권력이고 재산이다.
하지만 사랑할 때는 여자는 몸으로 울어야 하고,
남자는 몸으로 승부勝負를 내야 한다.

어리석고 속이 빈 여자는 속이 비어 부끄러운 줄도 모르고 수선을 떤다.

- 잠언 제9장 13절 -

들국화•진심

육체적肉體的 결합이 없는 사랑은 사랑이 아니라 공상空想이다.

성경聖經에 나오는 에덴동산의 에덴은, 기쁨이라는 뜻이다. 하나님이 아담과 이브를 에덴동산에서 처음 살게 한 것도, 인간이 기쁘게 사는 것이 삶의 의무義務이자 절대 권리絶對權利라는 것을 가르쳐 주기 위해서였다.

인간人間은 수다를 떨고 싶어 하는 여자들의 욕망慾望을 충족시키기 위해 언어를 발명했다.

현호색•보물주머니, 비밀

술과 여자는 침묵沈默을 방해한다.

각설이 타령을 보면,

"얼씨구 씨구 들어간다. 절씨구 씨구 들어간다.
기름 동이나 마셨는지 미끈미끈 잘 들어간다.
막걸리 동이나 마셨는지 질걱질걱 잘한다."

잘한다고 한 다음 구절에 "품바품바"라고 말하고 있다. "품바"는 상대를 품는다는 뜻이고, "미끈미끈 잘 들어간다. 질걱질걱 잘한다"는 성관계性關係를 한다는 은유적隱喩的 표현이다.

홀아비는 이가 서 말이고, 과부는 은銀이 서 말이다. 여자는 혼자가 되면 강强해지고, 악착같이 경제적 기반을 잡는다는 뜻이다.

필레아 페페•행운

문란紊亂한 사랑은 인간을 오욕汚辱하고 타락墮落시킨다.

천안天安삼거리의 노래 가운데 삼거리는 사람 인체人體의 삼거리인 성기性器를 비유한 것이다. 가사 중 "성화成火가 났구나! 흥"이라는 구절의 성화는 불이 났다는 뜻인데, 불이 났으면 불을 꺼야지 흥겹다고 하고 있다.

불은 여기서 성性을 상징하는 불두덩(남녀 생식기의 불룩한 언저리)과 불알을 말한다. 성화가 났구나! 흥이라는 것은 성관계性關係를 묘사描寫한 것이다.

결혼結婚하기는 쉬워도 가정家庭을 지키기는 어렵다.

패튜니아•당신과 있으면 마음이 편안해집니다.

❤ 성공成功적인 결혼結婚은 매일 고쳐지어야 하는 대저택大邸宅과도 같다.

사랑이 변變해 생긴 증오憎惡처럼 맹렬한 것은 하늘 아래 없으며, 경멸輕蔑당한 여자의 분노憤怒처럼 격렬한 것은 지옥地獄에서조차 없다.

여자가 재혼再婚할 때는 첫 남편을 경멸輕蔑하기 때문이고, 남자가 재혼할 때는 첫 아내를 매우 사랑했기 때문이다.

황색 튤립•헛된 사랑

낙화洛花는 유정有情한데, 유수流水는 무심無心 터라. 즉, 짝사랑이라는 뜻이다.

초로 만든 물건은 불 곁에 가지고 가지 마라. 초가 불 곁에 가면 녹아 버릴 것은 뻔하다. 즉, 몸이 약한 남자가 여자를 탐貪하면 쉬 죽으니 삼가라는 뜻.

잘 살 때는 모르지만, 집안이 가난해지고 곤란할 때 어진 부인의 진가眞價가 나타난다.

탱자나무•추억

낙화洛花가 유정有情하니, 유수流水도 유심有心 터라. 남녀 서로 사랑함을 말한 것.

여자들이여!

질투嫉妬하지 마라.

음식飮食을 과식過食하면 몸이 탈나지만, 질투를 과식하면 삶이 탈나니까.

한 여자하고만 섹스하는 남자는 불륜不倫과 바람을 애써 무시하는 마음을 가지고 있다.

칼랑코에•인기, 설레임

돈에 반하지 사내에게 반하지 말라. 화류계花柳界 여자들의 격언.

돈 많은 아내는 싸움쟁이다.
친정親庭이 부자富者이거나 또는 지참금持參金이 많거나 하면 남편에게 자주 맞서는 일이 많다는 뜻이다.

지혜智慧로운 여자는 남편에게 복종服從하면서 오히려 남편을 좌지우지左之右之 한다. 부드러움이 단단한 것을 이긴다는 것이다.

빨간 카네이션•어버이에 대한 사랑, 애정, 존경

❤ 달걀과 여자의 맹세盟誓는 쉬이 깨진다.

🌹 남자가 '사랑한다'고 할 때는 현재現在뿐이라는 단서端緖가 생략省略되었고, 여자가 '사랑한다'고 할 때는 당신이 나를 사랑하는 동안이라는 조건條件이 생략되어 있다.

👠 명랑한 아내는 삶을 즐겁게 한다.
쾌활하고 밝은 아내는 자신도 즐겁게 살지만 주위 사람까지도 즐겁게 한다는 뜻이다.

채송화•가련, 순진

고쟁이 열두 겹 입어도 보일 것은 다 보인다.

일색 소박一色疏薄은 있어도 박색 소박薄色疏薄은 없다고 했다. 아름다운 여자는 아름다움을 미끼로 거만倨慢을 떨다가 남편에게 소박맞을 수 있지만, 못생긴 여자는 남편에게 순종하므로 소박맞을 일이 없다는 것이다.

아내 없는 남자는 몸 없는 머리고, 남편 없는 여자는 머리 없는 몸이다. (한쪽이 없으면 불완전한 인간이라는 뜻)

- 독일 속담 -

접시꽃•단순한 사랑, 편안

악마惡魔가 천사天使의 형제이듯, 질투嫉妬는 사랑의 신神과 자매姉妹이다.

가장 슬픈 여자는 마음이 늙은 여자라 했다.
가슴에 사랑의 온기溫氣가 없는 여자라 했다.
이 가을, 추억追憶이 없는 여자라 했다.
올 가을엔 아름다운 추억 하나 만드심은 어떨지?

아름다운 여자는 눈을 즐겁게 하고,
어질고 착한 아내는 마음을 즐겁게 한다. - 나폴레옹 -

자금우•내일의 행복

남자는 비밀秘密스러운 여자를 원한다.

결혼結婚할 때 좋은 여자 좋은 남자 만나려고 생각하지 말고 잘 맞는 사람을 만나야 한다. 10억짜리 차에 1,000만원짜리 좋은 볼트 끼워도 맞지 않으면 움직이지 않는다. 하지만 1,000원짜리를 끼워도 맞으면 잘 움직인다.

악처惡妻를 가진 사나이는 생지옥生地獄에서 산다.
(악처는 백 년 흉작凶作이다)

옥시•날카로움

♥ 여자는 복수復讐에 대해서 끝이 없다.
(여자의 한恨은 오뉴월에도 서릿발친다는 뜻이다)

여자의 눈물과 강아지의 절룩거림은 믿지 마라.
(여자의 눈물은 값싼 것이니 속지 말라는 것이다)

- 스페인 속담 -

여자의 머리는 길다. 하지만 그 혓바닥은 더 길다.

- 에스파니아 속담 -

엉겅퀴•건드리지 마세요

남편男便의 팔자는 여자에게 달렸다.

연애戀愛는 한가한 사람에게는 일이고, 바쁜 사람에게는 오락娛樂이고, 군주君主에게는 파멸破滅이다. (한가한 사람은 연애 자체가 일의 큰 비중을 차지하고, 바쁜 사람은 틈틈이 취미로 하며, 일국의 통치자는 연애 따위에 정신이 팔렸다가는 나라를 망친다는 것이다)

- 나폴레옹 -

여자는 남자가 자신에게 키스하면 신사답지 못하다고 생각하고, 키스하지 않으면 남자 취급도 안 한다.

앵초•천국의 열쇠

음부淫婦는 사람의 귀한 생명生命을 노린다.
(음탕한 여자에게 물리면 남자는 인생을 망친다는 뜻)

- '잠언' 제6장 -

육근六根은 맑은데, 일근一根이 부정不淨이다.
불교에서 육근은 눈, 귀, 코, 혀, 몸, 뜻意의 욕망을 말한다.
일근은 남자의 근본인 성기를 말하고, 생욕生慾 즉, 여자에 대한 욕정慾情은 남자가 억제하기 힘들다는 것이다.

육욕肉慾은 영혼靈魂의 무덤이다.
(육체肉體의 욕망慾望만 추구하는 자는 영혼이 말을 듣지 않는다는 뜻이다)

자주 안개꽃•순결함과 깨끗함

여자의 정조貞操는 고드름과 같아서 한 번 녹으면 그만이다.

- 영국 속담 -

음식飮食과 섹스는 사람의 2대 욕망慾望이다.
(식욕食慾과 성욕性慾은 인간의 욕망 중에서 가장 기본적인 것이다)

연애戀愛는 필수고, 결혼結婚은 선택이다.

빨간 아네모네•당신을 사랑합니다

♥ 젊은 아내는 늙은 남편을 무덤으로 재촉하는 마차馬車다.

정조貞操의 본질本質은 감각感覺 때문에 영혼靈魂을 배반하지 않고, 동시에 영혼 때문에 감각을 배반하지 않는다.
(영혼과 감각은 일체라는 뜻이다)

- 프랑스 여류작가 조르르 상드 -

열정熱情적인 남자보다 냉정冷情한 남자가 쉽게 여자에게 빠지는 법이다.

- 투르게네프 -

스토크•영원한 아름다움, 변하지 않는 사랑

❤ 좋은 아내는 황금黃金보다 더 큰 가치價値를 지니고 있다.

🌹 부유富裕한 여자와 결혼結婚하는 가난한 남자는, 아내가 아니라 지배자支配者를 얻는 것이다.

- 아낙산드리데스 -

👠 클레오파트라의 코가 조금만 작았더라면 세계世界의 역사歷史는 변變했을 것이다.

- 파스칼 -

수선화•자기사랑, 자존심

현명賢明한 결혼結婚을 하려거든 자기와 어울리는 사람과 결혼해야 한다.

행복幸福하게 살려거든 남편은 귀머거리, 아내는 눈먼 봉사가 되어야 한다. (원만한 부부생활에는 서로가 양보의 아량이 필요하다는 것이다)

- 프랑스 속담 -

화방花房 계집의 입에는 깊은 수렁이 있다.
(술집 계집은 입 끝으로 남자의 마음을 사로잡는다는 뜻이다)

- '잠언' 제22장 14절 -

설유화•애교, 은밀한 사랑

❤ 여자는 혓바닥이 둘이다. (말이 많다는 뜻)

🌹 화火를 자주 내는 여자는 흙탕물의 샘처럼 진흙투성이고 지저분하여 아름다움 모습을 찾을 수 없다. 그래서 아무리 목이 마른 사나이라 하여도 입을 댈 마음이 안 생긴다.

👠 남자는 그 여자의 말 때문에 그 여자를 사랑하는 것이 아니라, 여자를 사랑하기 때문에 그 여자의 말을 사랑하는 것이다.

- 모르아 -

뻐꾹채•봄나그네, 초원의 소리

여자의 질투심嫉妬心 속에는 사랑보다도 의존심依存心이 더 많이 포함되어 있다.

꽃도 싱싱할 때에 향기香氣가 신선하듯이, 여자도 그 마음이 맑을 때 품격이 보전保全된다.

남자가 제아무리 교묘하게 말을 잘하여도 사람을 움직이는 데는 잠자코 있는 여자만 못하다. 사람을 움직이는 데는 역시 여자가 제일이라는 뜻이다.

- 미국의 문학가 에버슨 -

부용꽃•섬세한 아름다움, 정숙한 여인

결혼結婚생활에 있어서 가장 중요한 것은 인내忍耐다.

여자들은 사랑하는 것과 비웃는 것을 동시에 해낸다. 여자들이 비웃을 때 사랑하는 일을 제쳐놓고 있다고 생각한다면 큰 오산誤算이다. 여자들은 금지禁止된 잔을 기울이고 싶지 않을 때도 몇 방울 마셔보고 싶어한다. 독毒은 어떤 맛을 지니고 있는지 적어도 그것을 알고 싶어서 여자들은 잔 가장자리를 핥고 싶어 한다.

- 하이네 -

여자는 외모外貌가 스펙spec이고, 몸매가 권력權力이다.

별꽃•추억

남편男便의 사랑이 지극至極할 때 부인의 소망所望은 조그마하다.

정절貞節한 여자는 오직 노파와 불구자뿐이다. 행실이 올바른 여자를 찾느니 차라리 뿔이 난 고양이를 찾는 편이 훨씬 빠르다.

- 체홉, 러시아 극작가. 소설가 -

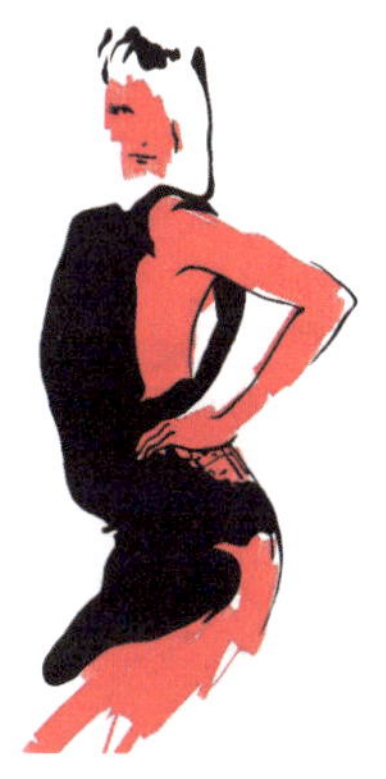

여자는 남자친구가 다른 여자의 집을 찾아가면 나쁜 놈이라고 생각하고, 자기 집에 다른 남자가 찾아오면 당연하다고 생각한다.

백일홍•인연

여자는 이해해주기보다는 사랑해 주기를 바란다.

여자가 알아야 할 남자의 섹스에 대한 최소한의 지식知識, 남자에게 섹스란 자기 존재감存在感의 확인確認이자, 우월감優越感의 확인이며, 여자를 지배하고 싶어 하는 마음이자, 자랑거리이다. 그리고 섹스의 퀄리티quality는 여자의 태도가 좌우한다.

현명賢明한 남자는, 여자나 유리같이 시련試鍊이 있는 종류는 가능한 가까이 하지 않는다.

바늘꽃•섹시한 여인

결혼結婚은 거의 모든 사람들이 환영하고 있는 악惡이다.

- 메난 도로스 -

여자와 싸울 수 있는 무기武器는 깊은 생각이며, 마지막 가장 잔혹殘酷한 무기는 망각忘却이다.

- 콘차로프 -

여자들을 기쁘게 하기 위해서는 풍부한 재능才能이 필요치 않다. 여자들이 좋아하는 말만 자주 하면 된다.

- 앙리 드레이네 -

물망초•진실한 사랑, 나를 잊지 마세요.

♥ 여자는 꽃을 보기 위하여 나무를 키우지만, 남자는 열매를 얻기 위해 나무를 키운다.

사랑하는 여자와 갈등葛藤이 생겼을 때 여자를 이치理致로 따져 설득說得할 수 없다. 남자가 위로해 주면 된다. 침묵沈默을 지키면 된다. 참으면 된다.

여자를 정복征服한다는 것은 어떤 흉폭한 야수野獸를 키우기보다 더 힘들다.

\- 아리스토파네스 -

모란•부귀, 왕자의 품격

부부夫婦는 서로의 실수失手를 한없이 흡수吸收하는 호수湖水이다.

사랑의 기회機會를 난폭하게 잡는 남자는 여자가 용서容恕할 수 있지만, 사랑의 기회를 놓쳐 버리는 남자는 여자가 절대로 용서하지 않는다.

대체로 여성 쪽이 나쁜 경우라도 악을 쓰고 소리를 지르면 여성의 입장이 정당하게 되기 마련이다. - 히리버튼 -

매발톱꽃•우둔

남자의 정신精神이 빛나는 태양이라면, 여자의 정신은 달 밝은 밤보다 더 밝다.

여성은 남성을 유혹誘惑하지만 만족滿足시킨다. 흥분興奮케 하지만 진정眞情 시킨다. 이리하여 남녀 양성兩性은 서로 다른 성에 의해서만 균형均衡이 잡힌 인간성에 도달한다.

남자는 여자의 몸을 수호守護하는 피난처避難處이고,
여자는 남자의 장식품裝飾品이다. - 프라일리 히가트 -

보라 리시안셔스•사랑의 공표

어머니의 젖을 빤다는 행위行爲가 모든 성생활性生活의 출발점出發點이다.

- 프로이드 -

남자들은 아무리 차이가 있더라도 하늘과 땅 차이밖에 없다. 그러나 여자들은 가장 악惡한 여자와 선善한 여자 사이에는 천국天國과 지옥地獄만큼 차이가 큰 법이다.

- 테니슨 -

식사 선택食事選擇은 한 끼를 좌우左右하지만,
여자(아내) 선택은 평생平生을 좌우한다.

하얀 라넌큘러스•순결

남자들은 한평생을 행복幸福하기 위해 여자학자女子學者보다 식모를 선택한다. - 스탕달 -

여자란 우리들의 천사天使인 동시에 악마惡魔이며, 지상 세계의 최선最善이지만 또한 최악最惡이다. - 아미엘 -

여자가 없었다면 남자들은 사납고 거칠고 고독孤獨했을 것이다. 그리하여 우아한 것을 알지 못했을 것이다. - 리앙 -

동백•그대만을 사랑해

여자의 성기性器는 생명의 초점이며, 성행위性行爲는 생식生殖의 열쇠이다.

여자가 속옷 벗고 금가락지 낀다는 우리 속담俗談은, 격格에 맞지 않는 겉치레는 오히려 보기 흉하다는 뜻이다.

결혼結婚한 남자의 일생一生 중 가장 행복幸福한 날은 이틀이다. 결혼하는 날과 아내를 매장埋葬하는 날이다. - 히포낙스 -

데이지•평화

무릇 위대偉大한 일의 기원起源에는 언제나 여자가 있다.

- 라마르틴 -

여자란 차가우면서도 거만倨慢하고, 정숙貞淑하면서 허영심虛榮心이 강强 하고, 번뇌煩惱를 한 아름 품고 있으면서도 경건敬虔한 척한다.

여자란 무엇이냐?
단지 자연自然의 아름다운 한 가지 실수失手에 불과하다.

- 헤너 키울리 -

빨간 달리아•당신의 사랑이 나를 행복하게 해요.

여자는 더할 나위 없이 완성完成된 악마惡魔다. - 위고 -

여자란 어디까지나 여자요, 어머니이며 누님이다. 그 머리는 아무리 차더라도 배는 따사롭다. 그 배는 남자의 온갖 정열情熱을 기다리며 마주하며 공감共感을 느낀다.

- 로망, 롤랑 -

여자는 경제적經濟的 힘으로 세상의 주목注目을 받는 것이 아니라 그의 행실行實로 더 많은 주목을 받는다.

난초•청초한 아름다움

여자란 살아있는 수수께끼다. 그것을 풀기 위해서는 여자를 사랑해야 한다.

모든 병病중에서 마음의 병만큼 괴로운 것이 없고,
모든 악惡중에서 악처惡妻만큼 나쁜 것은 없다. - 탈무드-

여자는 확실確實히 소우주小宇宙다. 여자를 올바르게 지배支配하기 위해서는 한 나라를 다스릴만한 큰 재능才能이 필요하다.

꽃무릇•참사랑

♥ 아내에게 기氣를 펴지 못하는 사내는 밖에서도 쩔쩔매는 삶을 산다.

- 위싱턴 어빙 -

여자가 거울에 자기를 비춰 보는 것은 단순히 자기의 자태姿態를 보기 위해서라기 보다는 자기가 남에게 어떻게 보여질까 하는 것을 확인確認하기 위함이다.

여자는 필요必要에 못 이겨 남자에 대해 애정愛情이 있는 듯이 꾸민다. 자기 자신에 대해서는 심심풀이로 애정을 꾸민다.

글라디올러스•밀회, 조심

여자의 매력魅力 중 절반折半은 속임수다.

여자들은 자신들에게 하는 거짓말은 몹시 싫어하지만, 자신들이 하는 거짓말은 용서容恕받으려 한다.

물에 빠진 놈은 건져도, 계집에 빠진 놈은 못 건진다고 하였으니. 헐~

주황 국화•왕, 정직, 고상함

매력魅力 있는 여자는 항상 감각感覺을 열어 놓는다.

여자로서의 특색特色은 어머니가 되는 일뿐이다. 그리고 여자는 쾌락快樂을 통하여 자신을 찾아간다.

명품백을 걸치고 명품 옷을 입는다고 텅 빈 영혼靈魂의 허기虛飢가 충족充足되지 않는다.

거베라•신비, 풀 수 없는 수수께끼

여자의 마음을 강하게 움직이는 것은 쾌락快樂과 허영심虛榮心이다.

- 드니 디드로 -

여자가 남자에게 아양을 떨거나 맛있는 요리料理를 만들어 주는 등 알뜰히 서비스를 해 주기 때문에 남자는 자기를 소중히 여기고 있는 줄 생각하지만, 사실은 이러한 여자의 태도態度는 남자를 밥통과 섹스밖에 모르는 원시 동물처럼 취급하며 깔보는 태도인 것이다.

- 펄벅 -

착한 여자는 남자와 천사 사이에 서 있지만,
악惡한 여자는 남자와 악마惡魔 사이에 서 있다.

구절초•가을 여인

♥ 나는 여자의 맹세盟誓를 물에 적어놓는다. - 소포클레스 -

금전金錢을 위하여 결혼結婚하는 사람만큼 나쁜 사람은 없으며, 연애戀愛를 위하여 결혼結婚하는 사람만큼 어리석은 사람은 없다.

여자는 사랑하지 않는 남자가 질투심嫉妬心이 강하면 싫어하지만, 사랑하는 남자가 질투하지 않는다면 화를 낸다.

헬리오트로프•성실, 헌신

결혼結婚에는 허다한 고통苦痛이 따르지만, 독신 생활獨身生活에는 기쁨이 없다.

결혼結婚의 목적은 아이를 만들어 내는 것도 중요하지만, 남녀가 결합結合하여 인생의 꽃인 쾌락快樂과 쾌감快感을 동반하는 부부 관계도 중요하다.

그 여자가 만약 남자였다면 반드시 벗으로 삼았을 것이라고 생각되는 여자가 아니거든 아내로 삼지 마라.

피나물•봄나비, 노랑나비

♥ 마누라 팔아서 좋은 친구 산다. - 중국 속담 -

🌹 집안에서 한 잔치는 소문이 안 나도 방안에서 몰래 한 화냥질은 소문난다.
(남이 모르도록 비밀리에 하는 일도 주위의 이목은 속이지 못 한다는 뜻이다)

👠 희곡戱曲에서는 줄거리가 결혼結婚으로 끝나지만, 사교계社交界에서는 유부남과 유부녀의 섹스에서부터 사건이 시작된다.

팬지•사색, 사랑의 추억

고운 계집은 첫눈에 예쁘고, 못난 계집은 정情이 들어야 예쁘다.

지난날 민법民法에서 큰 죄가 되었던 간통죄姦通罪는 연애戀愛의 유희遊戲에 지나지 않았으며, 무도회舞蹈會의 한 사건에 불과하였다.

여자와 남자가 결혼結婚한다는 것은 그들의 사랑 이야기를 마지막으로 쓰는 것이다.

백색 튤립•실연

시기猜忌와 질투嫉妬는 항상 타인을 쏘려다가 자기 자신을 쏜다.

길에 돌이 많아도 연분緣分이 있어야 걸린다.
(아무리 많아도 인연이 있어야 만나게 된다는 뜻이다)

남자에게서 불륜不倫과 성매매性賣買는 그저 하나의 유희遊戲에 불과하다.

클레마티스•당신의 마음은 진실로 아름답다, 고결

여자는 승부勝負에서는 악마惡魔에게도 이긴다.

- 네덜란드 격언 -

여자는 살 송곳 맛을 알게 되면 정情붙여 살게 된다.
(섹스의 기쁨을 알게 되면 웬만한 허물이나 어려움을 덮어가며 살 수 있다는 것이다)

여자는 얼굴에 주름을 지우면 상품上品이 되고,
미소微笑를 더 하면 명품名品이 된다.

칸나•행복한 종말, 존경

여자와 술이 없었다면 인류人類문명도 없었을 것이다.

금준 주적성 金樽酒滴聲,
금 술잔에 술 따르는 소리가
좋은가?
옥녀 해군성 玉女解裙聲,
아름다운 여인의 옷 벗는 소리
가 좋은가?
양성 지중호 兩聲之中好,
양쪽 소리 중 어떤 소리가 더
좋은가?
월침삼경 해군성 月沈三更解裙聲,
깊은 달밤에 아름다운 여인네 옷 벗는 소리가 최고다.

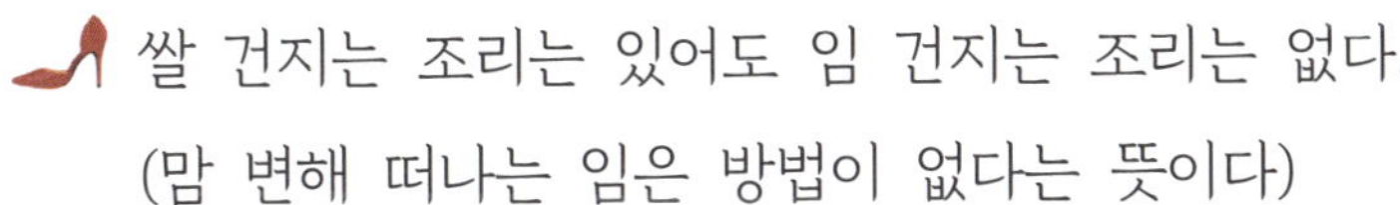

쌀 건지는 조리는 있어도 임 건지는 조리는 없다.
(맘 변해 떠나는 임은 방법이 없다는 뜻이다)

노란 카네이션•경멸

결혼結婚이란 필요에 쫓겨서 서로를 속이는 예술이다.

전쟁戰爭에 나갈 때는 한 번 기도祈禱하고, 바다에 나갈 때는 두 번 기도하고, 장가갈 때는 세 번 기도한다.

- 러시아 속담 -

결혼結婚이란 의식儀式은 단지但只 숙녀淑女의 손가락에는 반지半指를, 신사의 코에는 코걸이를 거는 것뿐이다.

찔레•가족에 대한 그리움, 고독

혼취이논재, 이로지도야 婚娶而論財 夷虜之道也 란 혼인婚姻의 일에 재물財物을 논論함은 오랑캐의 법이라는 뜻이다.

- 명심보감 -

과부寡婦가 한평생을 혼자 살고 나면 한숨이 구만 구천 말斗이다. (혼자 살기가 어렵다는 것이다)

죽음의 사막砂漠과 여성의 성기性器는 만족을 모른다. (한번 정을 통한 여자는 계속적으로 사랑을 요구한다는 뜻이다)

- 디시주갤 -

빨간 장미•열정적인 사랑

❤ 현숙賢淑한 여인의 값은 진주珍珠보다 낫다.

- 잠언 제31장 10절 -

🌹 처녀處女 많은 동네 보리 풍년豐年드는 해 없다.
(예전 농촌에서는 처녀, 총각 연애하는 장소가 보리밭이 였다는 것)

👠 첫날밤에 속옷 벗어 메고 신방에 들어간다.
(예의禮儀 없고 격식格式에 어긋나는 행동을 말함)

은방울꽃•순결, 다시 찾은 행복, 틀림없이 행복해진다.

❤ 결혼結婚한 여자의 삶은 독하면서도 부드럽고, 쓸쓸하면서도 달콤하다.

🌹 홑적삼 큰 애기에 눈도 멀고 마음도 먼다.
(살짝 비치는 처녀의 몸매에 홀딱 반한다는 뜻이다)

👠 후처後妻에 감투 벗어지는 줄 모른다.
(후처를 얻게 되면 홀딱 빠져서 만사를 잊어버리게 된다는 것이다)

영산홍•첫사랑

침묵沈默을 좋아하는 여자는 총명聰明하다. - 프랑스 속담 -

모든 인류人類의 첫사랑은 어머니이기에
여자는 잠재적, 본질적으로 모두 레즈비언이다

- 아드리안 리치 -

계모繼母가 전처 자식 생각하듯 한다.
(겉으로만 생각하는 척하는 것을 말한다)

얼레지•바람난 여인

여자는 언어言語 즉, 말을 발견發見하고
남자는 문법文法을 발견한다. - G 스튜어트 -

딸은 저녁 무지개에 밭에 보내고, 며느리는 아침 무지개에 밭에 보낸다. (저녁 무지개는 비가 오지 않으므로 딸을 밭에 보내고, 아침 무지개는 비가 오므로 며느리를 밭에 보내서 고생시킨다는 것이다)

남자가 술을 마시면 집의 절반折半이 불타고, 여자가 술을 마시면 온 집이 불타버린다. - 러시아 속담 -

애기나리•요정들의 소풍

아들을 잘 두면 한 집이 잘 되고, 딸을 잘 두면 두 집이 잘 된다.

바닷물 고운 것과 계집 고운 것은 탈 나기 쉽다.
(고요한 바다는 파도가 일기 쉽고, 여자가 예쁘면 부정을 저지르기 쉽다는 뜻이다)

흉년凶年에 어미는 굶어 죽고, 자식은 배 터져 죽는다.
(어머니는 굶어가면서도 자식을 위한다는 뜻임)

흰색 안개꽃•맑은 마음, 깨끗한 마음, 죽음

아내가 아양을 떨 때는 필시 무슨 곡절曲折이 있다.

- 러시아 속담 -

여자, 술, 돈만 양손에 쥐여주면 사내들이란 더 이상 아쉬운 것이 없어 날마다 굿을 하고 마냥 배부른 돼지처럼 콧노래를 부르며 흥에 취해 미칠 듯 날뛰는 겁 없는 짐승으로 돌변한다.

늑대를 죽인다고 물어뜯는 버릇을 고치지 못하듯이, 바람기 있는 여자의 행실은 좀처럼 고치기 어렵다.

아게라텀•신뢰

가지밭에 자빠진 과부寡婦다.
(복이 있는 사람은 불행한 일이 오히려 행복하게 된다는 말씀)

놀던 계집은 절단切斷나도 엉덩이 흔드는 짓은 남는다.
(화류계 여성이 제 버릇 못 고치듯이 한 번 든 버릇은 환경이 바뀌어도 버리지 못한다는 뜻이다)

같은 값이면 과붓寡婦집 머슴살이한다.
(같은 값이면 조건이 유리한 것을 선택하게 된다는 것이다)

스타티스•영원한 사랑

♥ 주색酒色은 패가敗家망신亡身할 장본인張本人이다.
(여자와 술을 가까이하면 패가망신한다는 뜻이다)

🌹 며느리는 눈으로 고르지 말고 귀로 고르랬다.
(며느리는 겉만 보고 선택하지 말고 떠도는 소문을 듣고 선택을 해야 된다는 것이다)

👠 첫사랑이 잘못되어 있으면 가슴이 아프고, 잘 되어 있으면 배가 아프고, 같이 살면 머리가 아프다.

수련•당신의 사랑은 알 수 없습니다.

계집은 남의 계집이 더 예쁘고, 자식은 제 자식이 더 예쁘다.

결혼結婚을 위한 사랑은 인간을 만들고, 우정友情어린 사랑은 인간을 완성하며, 음탕淫蕩한 사랑은 인간을 더럽히고 천賤하게 한다.

– 베이컨 –

뿔난 짐승이 고집이 세고 오만하듯, 술을 마시게 되면 거만倨慢해지고, 여자 앞에 사족을 못 쓰는 동물이 사내들이다.

샤프란•온화한 미소

곪아도 젓국이 좋고, 늙어도 영감이 좋다.

'홀아비 사정 봐주다 과부寡婦 아이 밴다'는 속담이 있듯이, 절대 안타깝다고 남 보증保證을 서주면 안 된다. 우리 속담俗談에 보증 서는 자식은 낳지도 말라 하지 않았던가.

과부寡婦가 아이 낳고 진자리 없애듯 한다.
(범죄자犯罪者가 증거證據를 인멸湮滅하는 것을 말함)

블루벨•감사와 겸손, 변하지 않는 영원한 사랑

우리는 오로지 사랑함으로써 사랑을 배울 수 있다.

- 아이리스 버독 -

여자가 부도덕不道德하게 타락墮落하는 것은 여자에게 있어서, 도덕은 비인간적인 본질本質이라는 것을 구체화具體化 시키는 것이다.

과붓寡婦집 밭에는 아기가지가 안 난다.
(수절하는 과부도 가지로 성적性的 자위를 한다는 뜻이다)

부레옥잠•승리

❤ 금 간 그릇 못 쓰고, 틈난 부부 못 산다.

🌹 스물에는 타고난 얼굴이고, 서른에는 꾸민 얼굴이고, 마흔에는 남편이 만들어 준 얼굴이다.

👠 남의 서방書房과는 살아도, 남의 새끼는 못 데리고 산다.
(재가再嫁는 해도 부모 노릇 하기는 어렵다는 뜻이다)

베고니아•친절

남자는 나이 먹으면 어른이 되고, 여자는 나이 먹으면 여우가 된다.

처녀處女 불알 빼놓고는 다 있다.
(세상에 없는 것 빼놓고는 다 있다고 할 만큼 여러 가지가 많다는 뜻이다)

남편에게는 눈보다 귀를 즐겁게 하라. 남편은 좋은 의복衣服이나 좋은 장식품裝飾品에 끌리기보다는 아내의 상냥한 말에 행복幸福을 더 느낀다.

- 영국 격언 -

백리향•용기

남편이 조용하면 아내는 사나워진다. - 디즈레일리 -

남편男便 방귀는 트로트 방귀고, 아내 방귀는 도둑 방귀다. (남편은 소리 내 방귀를 뀌고, 아내는 몰래 방귀를 뀐다는 뜻이다)

여자의 머리카락 한 줄이 종을 매단 밧줄보다 강하다. (여자가 매혹魅惑으로 끄는 힘은 매우 강하다는 것이다)

노란 민들레•감사하는 마음, 행복

게으른 년은 콧등에 앉은 파리도 혓바닥으로 쫒는다.

여자들에게 최고最高의 남편감은 고고학자考古學者다.
아내가 나이를 먹으면 먹을수록 흥미興味를 느낄 테니까. (ㅋㅎ)

여자는 남자가 자주 찾아오면 지겹다고 생각하고,
자주 찾아오지 않으면 사랑이 식었다고 생각한다.

아스그레피아스 투베로사•화려한 추억

금단禁斷의 열매가 더 맛있듯이, 금지禁止된 사랑이 더 달콤하다.

도둑을 맞으면 아내 치마 속도 더듬어 본다.
(도둑맞으면 모든 것을 의심하게 된다는 뜻이다)

남편男便 주머니의 돈은 내 돈이요.
아들 주머니의 돈은 사돈네 돈이다.

모란•부귀영화

술과 밤이 있는 한 남녀 간에 친구는 없다.

여자들에게 진실真實을 기대하는 것은 모두 어리석은 일이다. 그들은 오히려 거짓말로 지내기를 바라고 있으며 그러는 편이 훨씬 즐거운 일이라고 생각하니까.

하늘의 아름다움은 별에 있고,
여자의 아름다움은 머리에 있다. - 이탈리아 속담 -

메발톱꽃•버림받은 애인, 바람둥이

먹기 싫은 음식은 개나 주지만, 아내 싫은 것은 백 년 원수百年怨讐다.

대부분의 꽃은 곤충에 의해서 수분受粉 즉, 교접交接하여 열매를 맺지만 유독 동백꽃은 동박새에 의해서 수분이 되는 희귀한 꽃이다. 그래서 동백을 조매화鳥媒花라고도 한다. (동백나무와 바나나는 새에 의해서 수분이 이루어진다)

망신亡身하려면 뜨물에도 아이가 밴다.
(망신하려니까 하찮은 일이 말썽을 일으킨다는 뜻이다)

루피너스•탐욕, 삶의 욕구

여자의 마음은 신神도 모른다.

제주 가서는 다금바리, 붉바리, 비바리 맛을 봐야 한다.
(제주도에 가서는 제주의 명물名物 고기인 다금바리와 붉바리를 먹어봐야 하고, 제주도 아가씨와 사랑해 봐야 인생의 멋을 안다는 것이다)

호랑이도 과부寡婦 외아들이라면 물고 가다가도 놓고 간다.
(호랑이도 딱한 처지를 봐준다는 뜻이다)

빨간 라넌큘러스•당신은 매력적입니다.

꽃은 남의 집 꽃이 더 붉고, 여자는 남의 여자가 더 예쁘다.

여자는 언제나 약弱하다.

사랑에도 약하고, 운명運命에도 약하고, 반지半指에도 약하고, 돈에도 약하고, 꽃에도 약하고, 약하다고 하는 것에 조차 약한 동물이 여자라고 했다. 과연 약한 게 여자인지?

팔자가 사나우면 나이 적은 시아비가 아홉이다.

(여자의 처지가 매우 어렵고 기막힘을 한탄함)

흰 동백•비밀스러운 사랑, 굳은 약속

❤ 아내가 귀여우면 개죽을 쑤어줘도 맛있다고 한다.

🌹 새침데기 과부寡婦가 보리밭으로 간다.
(남몰래 자기 할 짓을 하는 것을 비유함)

👠 서른 과부는 넘겨도, 마흔 과부는 못 넘긴다.
(마흔 나이는 수절하기가 힘들다는 뜻이다)

핑크 데이지•로맨스, 사랑, 부드러움

솜씨 없는 마누라가 도마소리만 요란하게 낸다.

결혼結婚에서의 성공成功이란 단순히 올바른 상대를 찾음으로써 오는게 아니라 올바른 상대가 됨으로써 온다.

- 브리크너 -

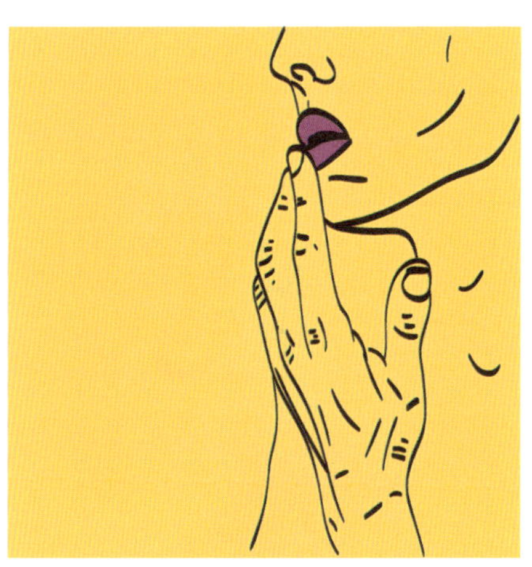

부부夫婦 싸움과 초승달은 밤마다 둥그러진다.
(부부관계를 하고 나면 화해가 된다는 뜻이다)

헬리옵시스•추억

어진 아내는 온 가족家族을 화목和睦하게 하고, 간사奸詐한 아내는 온 가족의 화목을 깨트린다.

남자들이여!
바가지 긁는 소리 듣고 싶으면 결혼하고, 칭찬稱讚을 듣고 싶으면 죽어라.

- 아일랜드 속담 -

열 서방 사귄 계집 늙어선 한 서방도 없다.
(이것저것 일을 벌여 놓으면 한 가지도 성공하기 어렵다는 뜻이다)

파란색 나팔꽃•허무한 사랑, 짧은 사랑

젊어서는 사랑으로 살고, 늙어서는 정情으로 산다.

10대에는 서로 멋모르고 살고,
20대에는 서로 아기자기하게 살고,
30대에는 눈코 뜰 새 없이 살고,
40대에는 서로 못 버려서 살고,
50대에는 서로 가여워서 살고,
60대에는 서로 고마워서 살고,
70대에는 서로 등 긁어주는 재미로 산다.

질투嫉妬는 항상 사랑과 더불어 태어나지만,
질투로 인해 행복幸福해지는 사람은 없다.

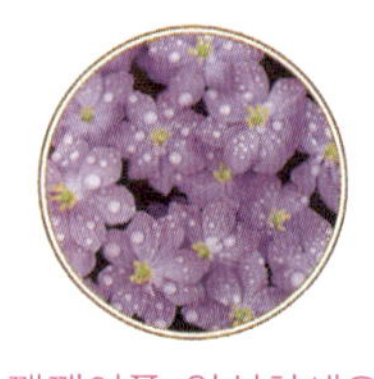

깽깽이풀•안심하세요

작은 마누라는 정情으로 살고, 큰 마누라는 법法으로 산다.

하느님이 사랑을 만드니 악마惡魔는 결혼을 만들었다. 처자식에게 인생을 인질人質로 잡히게 하기 위해서.

조 껍데기 치면 저녁거리가 나와도, 아내를 치면 끼니를 굶는다.

극락조화•신비

♥ 좋은 아내는 집안의 보배다.

계집 둘 가진 놈의 똥은 개도 안 먹고, 계집 둘 가진 놈의 창자는 호랑이도 안 먹는다고 한 것은, 여자 둘 비위 맞추려면 속이 다 썩어 빠져 냄새가 고약하기 때문이라는 뜻이다.

남자의 하루 화근禍根은 해장술이 만들고, 일 년 화근은 발에 끼는 가죽신이 만들고, 평생 화근은 악처惡妻가 만든다.

구즈마니아•만족

♥ 착한 자식보다 못난 아내가 더 좋다.

🌹 하루를 잘 살려면 장사를 잘해야 하고,
일 년을 잘 살려면 농사農事를 잘해야 하고,
평생을 잘 살려면 아내를 잘 얻어야 한다.

👠 종년 간통姦通은 누운 소 타기다.
(예전에 주인 영감이 종년과 간통하기는 쉬웠다는 것을 말함)

개불알꽃•기쁜소식, 희망

❤ 가난한 친정親庭에 가는 것보다 가을밭에 가는 것이 낫다.

🌹 같은 값이면 과붓寡婦집 돼지를 사랬다.
(같은 값이면 불쌍한 사람을 동정해 줘라는 것이다)

👠 가죽신 세 켤레 닳으면서 얻어온 며느리가 방귀만 뀐다.
(고르고 고른 며느리가 마음에 들지 않을 때)

참나리•순결, 깨끗한 마음

조그만 결혼반지 둘레에는 수만 가지 고생苦生이 서려있다.

- 시버 -

같은 떡도 맏며느리가 주는 떡이 크다.
(맏며느리의 마음씀씀이가 크다는 것이다)

젊은 여자는 익은 음식飮食이다.
(젊은 여자에게는 남자들이 서로 차지하려고 덤벼든다는 뜻이다)

개나리•희망, 깊은 정

고부姑婦간 시이가 나쁘면 잘되는 집 없다.

굿하고 싶어도 맏며느리 춤추는 꼴 보기 싫어 안 한다.
(눈치 없이 행동하는 사람을 비유한 말)

꾸중도 시집 꾸중보다 친정親庭 꾸중이 낫다.
(시집살이가 힘들다는 뜻이다)

헬레보러스•존재 이유

❤ 동서同壻 시집살이가 시어머니 시집살이보다 더 맵다.

🌹 집 나가는 며느리 말대답하듯 한다.
(쫓겨나는 며느리가 이제까지 참고 있던 말을 시어머니에게 마구 하듯이, 어른에게 버릇없이 마구 말하는 것을 말함)

👠 뒷간과 시집은 대신 못 간다.
(남이 대신해 줄 수 없는 일이라는 뜻이다)

플록스•내가 숨은 정열에 불타고 있습니다

❤ 며느리가 외출外出이 잦으면 집안이 망한다.

🌹 며느리가 맛보는 건 주전부리고, 옳은 말은 말대답이다.
(시어머니 눈에는 며느리가 가시처럼 보임)

👠 남의 각시는 동침同寢할 때뿐이다.
(남의 여자는 간통姦通할 때뿐이지 동거同居는 할 수 없다는 뜻)

패랭이꽃•순결한 사랑, 조심

남자란 위胃와 같은 존재存在로서 여자를 탐식貪食하고 배가 불러오면 토해 버린다. - 셰익스피어 -

계집 말을 잘 들으면 남을 도둑 만들고, 계집 말을 안 들으면 집안 망신亡身을 한다.
(아내 말을 너무 들어도 안 좋고 너무 안 들어도 좋지 않으므로 적당히 가려들어라는 것이다)

말뚝 동서同壻요. 구멍 동서다.
(형제 관계로 맺혀진 동서가 아니라 성관계로 인한 동서)

자주 튤립•영원한 사랑

여자는 잘 변變한다. 여자를 믿는 것은 바보다.
여자는 바람 속의 날개와 같다. - 빅토르 위고 -

보리방아 찧을 때는 죽은 시어머니 생각이 난다.
(눈엣 가시 같던 시어머니도 일할 때는 아쉽게 생각이 난다는 뜻이다)

삼 년 된 각시가 호롱불에 속옷 말린다.
(철이 날 때가 되었건만 철은 안 나고 소견 없는 짓만 하는 것을 말함)

클레마티스•고결

♥ 시집 방은 바늘방석이고 친정親庭 방은 솜 방석이다.

시媤집 까마귀는 '가오 가오'울고 친정親庭 까마귀는 '비오 비오' 운다.
(시집살이하는 며느리가 친정에 가고 싶은 마음을 대신하여 까마귀가 '가오 가오' 울고, 친정에 가 있으면 더 있고 싶은 마음을 대신하여 비가 오라고 '비오 비오' 운다는 뜻)

시어머니가 오래 살다 보면 맏며느리 수염 나는 것도 본다.
(살다 보면 비상식적인 일도 당하게 된다는 것)

카틀레아•당신은 미인입니다

♥ 시집 열두 번 가봐야 시어머니 다른 데 없다.

🌹 얌전한 며느리가 속옷 벗어들고 부뚜막에 앉아서 이 잡는다.
(겉으로 보기와 실제 행동이 다른 것을 이르는 말)

👠 제 계집 잃고 이웃 친구 의심疑心한다.
(바람난 아내를 잃고 나면 의심해서는 안 될 사람을 의심한다는 뜻이다)

시레네•청춘의 사랑

여자가 앓으면 살림이 안 되고, 남자가 앓으면 집안이 안 된다.

여자가 바르면 남자도 바르게 된다.
(남자는 여자 하기 나름이라는 것이다)

처가妻家살이 십 년이면 자식도 외탁한다.
(오래 사는 곳에 관습을 따르게 된다는 뜻)

진달래•절제, 청렴, 사랑의 즐거움

감은 늦감이 더 달고, 바람은 늦바람이 더 세다.

월하미인月下美人이란 꽃은, 한밤중에 피는 꽃으로 달빛 아래 아름다운 여인의 모습을 닮았다 하여 붙여졌으며, 꽃말은 밤의 고독孤獨, 위험한 쾌락快樂이라는 뜻을 가지고 있다.

눈은 마음의 창窓이고, 여자의 입술은 욕정慾情과 관능官能의 창이다.

분홍 장미•행복한 사랑, 사랑의 맹세

겨울 날씨와 여자의 마음은 못 믿는다.
(변덕이 심한 것을 말함)

남자가 정말 좋아하는 것은 모험冒險과 놀이다.
남자가 여자를 사랑하는 이유도 여자가 장난감 중 가장 위험危險한 장난감이기 때문이다. - 니체 -

과부寡婦 주전부리는 삼이웃이 먼저 안다.
(과부 바람난 것은 가까운 이웃이 먼저 안다는 뜻이다)

은방울•행복, 순결

♥ 아내란 남자에게 최상最上의 행운幸運도 되고 최악最惡의 불행不幸도 된다.

장마는 늦장마가 무섭고, 바람은 늦바람이 무섭다. (장마는 늦장마가 피해被害가 크고, 바람은 늦바람에 패가敗家를 하게 된다는 것이다)

처음으로 여자를 꽃으로 비유한 사람은 천재天才였으나 두 번째로 같은 말을 한 인간은 바보였다. - 볼테르 -

분홍 연꽃•신뢰, 떠나는 사랑

여자는 천사天使이지만 결혼結婚하면 악마惡魔가 된다.

- 바이런-

지구상 생명체生命體 중 가장 이해理解하기 어려운 동물이 여자라고 하였다. 나폴레옹이 말하기를 "두 여자를 화해和解시키는 것보다 차라리 유럽을 천하통일 하는 것이 더 쉽다" 고 했으니~ 헐!

아내란 이름은 아담과 이브가 에덴동산에서 쫓겨나던 그 순간에 받은 하나님의 선물膳物이다.

양지꽃•사랑스러움

무슨 요리를 하든 사랑을 뿌려 넣으면 사랑받는 아내가 된다.

통지기년(서방질 잘하는 계집종) 서방질하듯 한다.
(어떤 일이든지 익숙해지면 거침없이 잘한다는 뜻이다)

남녀관계란 두 사람만의 저녁식사를 세 번씩이나 갖고도 아무 일이 없을 때는 단념斷念하는 것이 좋다.

- 고즈 야스지로 -

알스트로에메리아•사랑, 우정, 배려, 향수

여인의 정조貞操는 신체身體에는 없다. 마음에 있을 뿐이다.

여자는 나이를 먹어갈수록 더욱 여자의 임무任務에 충실하게 되고, 남자는 나이를 먹을수록 더욱 여자로부터 이탈離脫하고 싶어 한다.

- 체홉 -

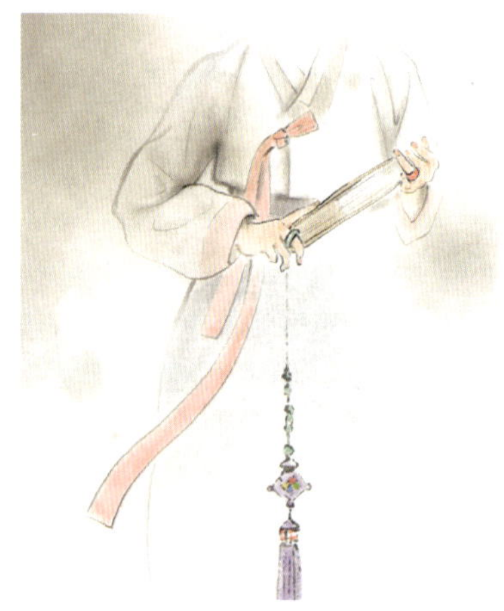

남자는 망각忘却에 의해 살아가고, 여자는 기억記憶을 양식糧食으로 살아간다. (여자는 말을 되새김한다는 뜻)

아카시아•품위, 비밀스러운 사랑

참된 정조貞操는 남편의 소유물이 아니라 신神의 소유물所有物이다.

- 구라다 하쿠조 -

남자는 해부학解剖學을 배워, 적어도 한 여자를 해부解剖해 보지 않고 결혼結婚하는 것은 자살골이다.

나는 기대하고 있다. 여자란 남자에 의해 문명화文明化될 마지막 존재存在가 되리라는 것을.

- G 메러디즈 -

아가판서스•사랑의 편지

여자로부터 육체적 만족滿足을 취한 순간 남자의 애정愛情은 급격히 떨어진다.

여인의 피부皮膚는 어쩌면 많은 남자의 피부를 알고 있을지도 모른다. 그러나 그 여인의 마음을 나만이 점유占有하고 있다고 생각할 때 행복하다.

남녀의 접촉接觸은 생동감生動感이 있어야 한다. 고정固定된 것은 접촉을 말살抹殺하는 어리석은 처방處方에 불과하다.

스타티스•영원한 사랑

여자는 구두와 같다. 오랫동안 신고 있으면 슬리퍼가 된다.

- 독일속담 -

남자는 언제나 여인의 첫사랑이 되고 싶어 하고, 여자는 남자의 마지막 낭만浪漫이 되려고 한다. - 오스카 와일드 -

남자에게 있어서 여자와 연애戀愛할 때는 봄이지만, 결혼結婚해 버리면 겨울이다.

핑크 수국•소녀의 꿈

여자와 군밤은 옆에 있으면 먹게 된다.

남자는 여자에게 최초最初의 키스는 완력腕力으로 빼앗고, 다음 키스는 달래며 얻어내고, 세 번째 키스는 으스대면서 요구要求하고, 네 번째의 키스는 태연히 받아들이지만, 다섯 번째 키스는 마지못해서 응해주고 그다음부터는 모든 키스를 귀찮게 받아들이는 변덕쟁이다.

- 헬렌 로란드 -

여자에게 이상적理想的인 남성이란 남자의 힘과 여자의 부드러움을 겸비兼備한 남자다.

- 유태인 격언 -

살구•처녀의 부끄러움

남자들은 늘 그렇지만, 집에서 떠나 있을 때가 가장 즐겁다.

– 셰익스피어–

일 용두질, 이 비역, 삼 씹이다.

(옛날 빈민층 남성들의 성행위 순서를 말한 것으로, 첫 번째로 가장 손쉬운 방법인 수음手淫 즉, 자기 손으로 자위하는 것이고, 두 번째가 동성同性끼리의 성행위性行爲이며, 세 번째가 남녀 간의 성행위를 말함)

여자의 결점缺點을 알고 싶으면 모름지기 그녀의 여자친구 앞에서 그녀를 칭찬稱讚해보면 단번에 알 수 있다. – 프랭클린–

붓꽃•기쁜 소식

여자는 허영심虛榮心 때문에 화장化粧에 열중하는 것이다.

여자든 남자든 불조심보다 말조심이 먼저다.
말言은 물水을 태우고, 세상을 태우고, 태양太陽까지 태운다.
그래서 말로 입은 상처傷處는 평생을 간다.

부드러운 흙으로 만들어진 남자를 기쁘게 하는 편이 딱딱한 뼈로 만들어진 여자를 기쁘게 하는 것보다 훨씬 쉽다.

\- 유태인 격언 -

부들•거만

여자에게 사랑 이외의 인생의 즐거움은 없다.

- 브라우닝(영국시인) -

남자는 자기 자신의 비밀祕密보다는 타인他人의 비밀을 굳게 지키고, 여자는 그와 반대로 타인의 비밀보다는 자신의 비밀을 더욱 잘 지킨다.

남자가 여자에게 헌신적獻身的으로 대하면 여자는 바로 남자 위에 기어 올라와서 제멋대로 논다.

- 콜린스 -

왕벚꽃•순결, 미인

남자의 마음은 여자의 청순淸純한 아름다움에 더 끌리는 법이다.

인심人心 좋은 여편네가 하룻밤에 서방이 셋이다.
(여자에게 절개節介가 없으면 음란淫亂하게 되기 쉽다는 뜻이다)

여자의 증오憎惡는 적극적인 불만不滿이고 질투嫉妬는 소극적인 불만이다.

배롱나무•꿈, 행복

인생에서 가장 흥미興味 없는 일은 여자 없이 남자들끼리 만찬晩餐하는 것이다.

- 디즈레일리 -

되도록 일찍 결혼結婚하려는 것은 여자의 비즈니스이고, 되도록 결혼하지 않고 버티는 것은 남자의 비지니스이다.

- 버나드 쇼 -

결혼結婚의 문제점은 매일 밤 사랑을 나눈 후 해결解決 되지만, 아침이면 새롭게 태어난다.

- 가브리엘 가르시아 마르퀘즈 -

용담•당신의 슬픈 모습이 아름답다

남자는 여자를 사랑하지 않는 한, 어떤 여자라고 해도 만족滿足을 느낀다.

- 와일드 -

남자들은 대체로 자기 아내가 외국어外國語를 지껄일 때보다, 자기 식탁食卓에 맛있는 요리料理가 올라올 때 더 즐겁다.

이 세상에는 많은 사랑스러운 여성들이 있다.
그러나 완전한 여성은 한 사람도 없다.

- 빅톨 위고 -

무스카리•실망, 실의

여자의 마음은 4월 날씨처럼 한순간瞬間마다 변한다.

- 서양 격언 -

이 방아 저 방아 해도 임의 가죽 방아가 제일이다.
(무엇이 좋으니 무엇이 좋으니 해도 성교性交가 최고最高라는 뜻이다)

여자들에게 성격性格이 없다고 말하지는 않는다. 다만 매일每日 새로운 성격이 여자들에게 있다고 말하는 것이다.

- 하이네 -

명자꽃•신뢰, 수줍음

❤ 애정 때문에 결혼結婚하는 남자는 분노憤怒 때문에 죽는다.
(부인의 잔소리 때문에) - 이탈리아 속담 -

음녀淫女에게는 상피相避 즉, 친족親族이 없다.
(음란淫亂한 여자는 부자간父子間인 줄 모르고 성교性交를 할 수 있다는 것이다)

여자들은 아무리 슬픔에 젖어있어도 겉치레의 인사와 연애戀愛를 할 수 있는 여유는 항상 가지고 있다. -마리보-

보라 매발톱꽃•승리의 맹세

♥ 여자의 육체肉體는 굳게 지켜진 비밀祕密이며 긴 역사歷史이다.

여자들이여!
날씬한 몸매를 원願하시면 많이 웃으시길,
웃음은 군살 테러범이니까.

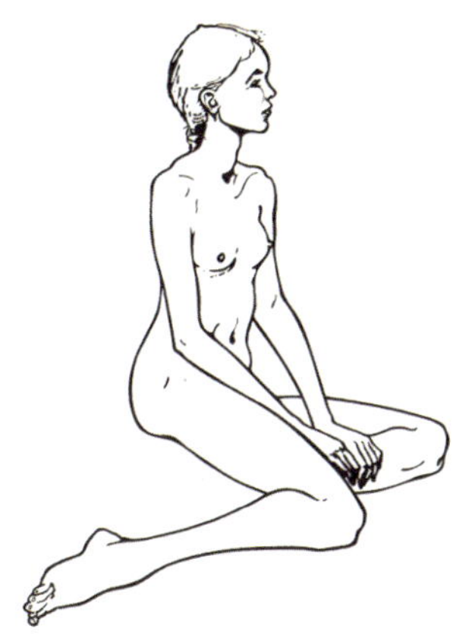

옷을 벗는 여자의 눈부심은 구름을 헤치고 나오는 태양太陽보다 더 빛난다.

루드베키아•영원한 행복

여자는 인류 최초最初의 가정교사教師다.

여자는 훌륭한 재능才能을 가질 수는 있지만 천재天才는 될 수가 없다.
왜냐하면 여자는 항상 주관적主觀的이기 때문이다.

- 쇼펜하우어 -

아무리 정숙貞淑한 여자라도 무엇인가 결코 정숙하지 않은 것을 자기 속에 가지고 있다.

디기탈리스•열애, 화려

아름다운 여자는 옛날부터 어리석어도 좋다는 특권特權을 가지고 있다.

세상에서 가장 빛나고 가장 연약軟弱한 것이 두 가지 있다. 하나는 여자의 얼굴이고, 하나는 사기그릇이다.

정숙貞淑한 여자는 대부분 숨겨진 보배다. 하지만 여자가 정숙하다는 것은 세상 남자들이 그녀를 찾지 않았기 때문이다.

분홍 동백•당신의 사랑이 나를 아름답게 합니다

어둠 속에서 여자는 모두 같다. - 이탈리아 격언 -

만족滿足을 모르는 여자는 사치품奢侈品을 갖고 싶어 하고, 남자를 사랑하고 있는 여자는 기꺼이 판자板子 위에서도 자려고 한다.

여자는 많은 사람의 눈을 위해 옷을 입고, 단 한 사람의 마음을 얻기 위해 옷을 벗는다고 하였으나 (현실은~).

흰색 데이지•순수

아름다운 아가씨는 지갑을 가지고 다니지 않는다.

- 스코틀랜드 격언 -

남의 집 과부 아이 밴 대 미역 걱정한다.
(남의 일에 쓸데없는 걱정을 하는 사람을 비유하는 말)

아내의 인내忍耐는 남편을 살리고, 남편의 인내는 아내를 명예名譽롭게 한다.

하얀 달리아•당신의 친절에 감사해요.

여자가 놀라울 정도로 헌신獻身할 때는 몸치장 할 때이다.

집안에 여자가 둘이 있으면 깨끗이 청소淸掃가 안 될 것이다. 질투嫉妬 때문에.

- 괴테 -

여자에게 다가가는 남자의 궁극적窮極的인 목적은 솔직한 심정으로 '함께 자는 것'이다.

- 프란체스코 알베로니 -

나리꽃•깨끗한 마음, 진실

여자는 그림자 같아서 잡으려고 하면 도망치고, 피하려고 하면 따라온다.

여자는 꿀벌의 꿀을 먹어버리는 말벌과 같다.
신神은 이 말벌을 남자에게 보내 고생苦生을 더 하도록 하였다.

결혼에 대한 근본적인 진실眞實 하나를 설파하겠다.
마누라가 "갑"이다.

- 빌리 코스비 -

기생꽃•천사

먼지보다 가벼운 것은 바람이고, 바람보다 가벼운 것은 여자다.

여자는 지옥地獄의 사자使者이다. 능히 부처의 씨를 끊는다. (겉은 보살과 같고 속마음은 악마惡魔와 같다는 뜻이다)

- 화엄경 -

부부夫婦는 가위다. 두 개의 날이 함께 움직여야 가위질이 잘되듯이, 부부는 일심동체一心同體가 되어야 가정이 행복하다.

군자란•고귀함, 우아함, 고결함

약弱한 자여! 그대 이름은 여자이니라. - 셰익스피어 -

여자의 정절貞節을 믿어서는 안 된다.
그런 일에 마음 쓰지 않는 사람은 행복幸福하다.

여자는 어디까지가 천사天使이고, 어디까지가 악마惡魔인지 알 수가 없다.

괭이밥•당신을 버리지 않음

여자는 사랑받기 위해 존재存在하는 것이다.

니체가 말하기를 "남자의 눈물은 상대방을 괴롭혔다는 후회後悔의 눈물이지만, 여자의 눈물은 상대방을 충분히 괴롭히지 못했다는 아쉬움의 눈물"이라 하였다.

남자란 여자와 더불어 살 수도 없고 그렇다고 여자 없이 살 수도 없다.

- G.G.바이런 -

개망초•화해

어떤 남자도 여자의 이상한 아름다움에는 저항抵抗할 수 없다.

- 탈무드 -

성性적으로 국가 대표國家代表가 된 변강쇠와 옹녀.
남근男根의 우상인 변강쇠의 고향故鄕은 경남 함양군 휴전면 월평리 오도재이고, 여근女根을 자랑하는 옹녀雍女의 고향은 평안도 월경촌이다.

하늘은 별을 소중所重하게 생각하지만, 여자는 외모外貌를 소중하게 생각한다.

겹접시꽃•열렬한 연애, 열렬한 사랑

인생삼락人生三樂은 노래, 술, 색(여자)이다.

어머니가 20년이나 걸려 성인成人으로 길러놓은 아들을 다른 여자가 불과 20분 만에 바보로 만들어 버린다.

이방 저방 다 다녀도 서방書房이 제일이란 말은 뭐니 뭐니 해도 남편이 최고라는 뜻이다.

히아신스•겸양한 사랑, 유희

화장化粧은 여자의 사회적 지위地位를 표현表現하는 것이다.

음녀(淫女)의 입술은 꿀을 떨어뜨리며, 그의 입은 기름보다 매끄럽다. - 잠언 제5장 3절 -

얼마나 말을 달콤하게 하면 꿀이 떨어질 정도일까?

꿀은 입에 닿자마자 사르르 녹아 흡수된다.

아무것도 쓰여 있지 않은 백지白紙와 같은 순백純白한 처녀란 어리석은 잠꼬대에 불과하다. - D.H 로렌스 -

해오라비난초•꿈에서라도 만나고 싶다

❤ 여자가 없었다면 남자는 신神처럼 살아갈 것이다.

- 데커 -

🌹 오입쟁이는 인물을 가리지 않고, 주객酒客은 청탁淸濁을 가리지 않는다. (오입쟁이는 여자의 인물을 보고 하는 것이 아니라 기회만 있으면 하고, 술꾼은 술의 좋고 나쁜 것을 가리지 않는다는 뜻이다)

👠 자신의 미모美貌를 자랑삼는 여자는 미모 외에는 아무런 자랑거리가 없다는 것을 스스로 선전하고 다니는 덜된 여자다.

금어초•오만, 탐욕

음식飮食과 여자는 훔쳐먹는 것이 별미別味다.

이쁜 여자가 조심성이 없으면 금팔찌가 돼지 코에 걸린 것과 같다. (아름다운 용모容貌보다 인품과 행동이 여자를 더 매력있게 만든다는 뜻이다)

여자는 이유 없이 사랑 받기를 원한다.
자신이 여자라는 이유 하나로.

패랭이꽃•순애, 조심, 대담

야단스럽게 화장化粧하지 않는 것이 미인美人이다.

여자에게 키스는 남자에 대한 탐색전探索戰이다.
(여자가 남자와 키스할 때 냄새에 더 중점을 두는 것은 키스를 통해 상대 남자에 대하여 많은 정보를 얻어 평가하려는 경향이 강하다는 것이다)

여자의 처음이자 마지막까지 사명은 자식을 세상에 낳는 일이다.

- 니체 -

마트리카리아•강한 의지가 필요하면

♥ 키스는 남녀의 감정언어感情言語다.

여자들 립스틱의 색깔이 대다수 붉은 이유는, 붉은색은 남자 말초末梢 신경神經을 흥분시켜 성적욕망性的慾望을 일으키기 위함이다.

신체적 특성特性으로 파악把握했을 때 사람의 몸도 은밀한 부분은 붉은색을 띄고 있고, 남녀의 성기性器는 성적으로 흥분했을 때 붉게 부풀어 오른다.

영장류靈長類 동물들은 발정기가 되면 암컷 궁둥이가 붉어지면서 방석처럼 부풀어 올라 일종의 성적 신호를 보낸다.

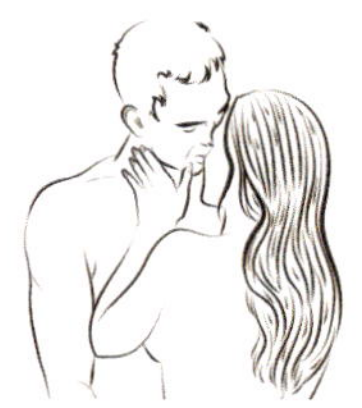

키스를 제일 많이 하는 나라는 프랑스인데, 남자가 평생 먹는 립스틱의 양은 2.5개, 여자가 먹는 립스틱의 양은 2개 정도다.

큰까치수염•달성

♥ 여자는 생리적生理的으로 해탈解脫하기에는 부족한 존재存在다.

- 석가모니 -

거부拒否하면서도 받아들이는 것, 이런 행동行動은 오직 여자들만이 완벽完璧 하게 해낼 수 있는 것이다. - 짐멜 -

계집과 숯불은 쑤석거리면 탈 난다.

(여자는 남자가 계속 유혹誘惑하면 결국은 빠지게 된다는 뜻이다)

카랑코에•인기, 인망, 평판

♥ 복수復讐와 사랑에서는 여자가 남자보다 야만적野蠻的이다.

여자들의 소망所望은 자그마하다. 그저 다정스러운 눈으로 보아 주기만 하면 여자는 그것으로 만족滿足한다.

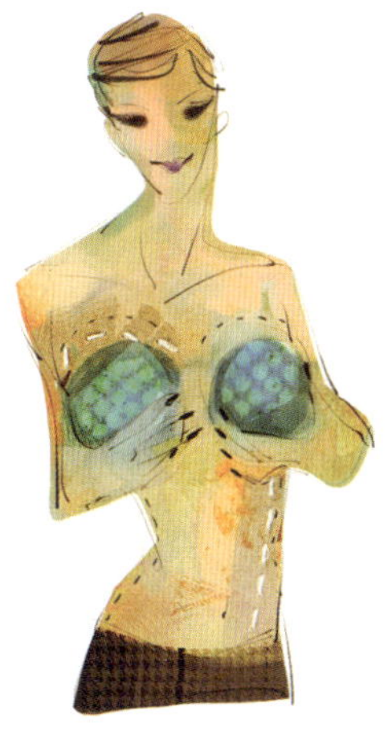

좋은 아내를 고르는 데는 지참금持參金보다도 좋은 성격性格을 기준基準으로 해야 행복幸福하게 살 수 있다.

철쭉•정열, 명예

여자는 남자를 배신背信하기 위해 태어난 동물動物이다.

여자가 결혼結婚할 때 보는 세 가지 조건,
첫째는 남자의 돈이고,
둘째는 남자 집안의 돈이며,
셋째는 자신에게 들어올 돈이다. - 로마 격언 -

여자는 약弱한 남자를 지배支配하기보단 강强한 남자에게 지배당하기를 원한다. - 히틀러 -

종꽃•아양떠는 모습

♥ 여자와 포도주는 남자의 판단判斷을 망친다. - 스페인 격언 -

여자의 눈물을 믿지 마라. 마음대로 되지 않을 때 우는 것이 여자의 천성天性이기 때문이다.

남자가 마누라한테 차 문을 열어줄 땐 그 차가 새 차거나 아니면 마누라가 새 마누라일 때 뿐이다.

보라 장미•영원한 사랑

미인美人은 떼를 지어 다니지 않는다. - 아라비아 격언 -

오징어는 적敵을 물리치거나 적에게서 달아나기 위해 검은 먹물을 뿌려 물을 흐리게 만든다.
여자는 오징어와 너무도 비슷하다. 오징어처럼 거짓으로 온몸을 감싸며 그 속에서 편안히 헤엄친다.

울타리 밑에 임 세워 두고, 아랫목에서 홑이불이 고깔 춤을 춘다. (문밖에 자기 남편이 있는데도 안방에서 서방질하는 것을 말함) - 정선아리랑 -

공작초•화해, 이제 그만 화풀어요.

여자를 지껄이게 하는 약藥은 있어도 침묵沈默시키는 약은 없다.

'십 년 공부 나무아미타불'이라는 말은, 황진이가 30년 동안 벽을 보고 도道 닦았다는 일명 벽면도사壁面道士 즉, 개성의 생불生佛로 통하는 지족선사知足禪師를 한 시간 만에 파계破戒시킨 후 생겨난 말이다.

정사情事의 경험經驗이 단 한 번도 없다는 여자는 있지만, 한 번 밖에 없다는 여자는 드물다. - 프랑수아 드 라 로슈푸코 -

흰 연꽃•순수, 결백

여자의 입은 악담惡談의 소굴이다. - 몽골 속담 -

당신 아내의 최초最初의 충고忠告에는 귀를 기울여라. 그러나 두 번째 충고는 듣지 마라. - 영국 속담 -

아무리 마음이 아름답고 재치才致가 있는 여자도 남자가 없으면 제 구실을 하지 못한다. - 유태인 격언 -

하얀 양귀비•망각

♥ 남자는 돈이 청춘青春이고, 여자는 청춘이 돈이다.

남의 취향趣向에 맞는 여자(아내)가 아니라 자신의 취향에 맞는 여자(아내)를 구해야 행복하다.

사랑하는 사람과 섹스하지 않으려고 참는 것은 범죄犯罪를 저지르는 행위行爲와 같다.

알리움•무한한 슬픔

여자는 앞치마보다 더 빨리 변명辨明을 손에 잡는다.

- 아일랜드 속담 -

옆에 미인美人이 앉으면 바보도 좋아하고, 옆에 노인老人이 앉으면 군자君子도 싫어한다니, 미인이 뭐길래~

여자는 교회敎會에서는 성녀聖女, 거리에서는 천사天使, 집에서 남편에게는 악마惡魔다.

- 프랑스 속담 -

아잘레아•사랑의 기쁨

추醜한 아내와 악惡한 첩도 빈방보다는 낫다.

여자女子와 소인배小人輩는 가까이하면 기어오르려고 하고, 멀리 하면 원망怨望을 듣는다. 그러니 항상 적당한 거리를 유지해야 한다.

- 공자 -

여자는 세 가지 눈물을 가지고 있다.
괴로움의 눈물, 초조의 눈물, 거짓의 눈물.

- 네덜란드 속담 -

쑥부쟁이•그리움, 기다림

남자의 절약節約은 미래未來의 투자投資이며, 여자의 절약은 궁상窮狀이다.

- 칸트 -

간음姦淫한 계집을 용서容恕하여 보아라.
한 번 간음에 맛을 들인 계집은 두 번째도 세 번째도 간음하리라.
왜?
불륜不倫이라는 것은 재물財物보다도 더 매력魅力적이기 때문이다.

- 이상 -

육류肉類는 모두 먹기 위해서 있고,
처녀處女는 모두 시집가기 위해서 있다.

- 영국 속담 -

스위트피•우아한 추억, 나를 기억해 주세요.

♥ 집에서 행복幸福하지 못한 여자는 어디를 가도 행복할 수 없다.

🌹 아내는 남편男便을 대할 때, 신혼新婚 때는 창녀娼女처럼, 다음 단계에는 비서祕書처럼, 그다음에는 간호사看護師처럼 행동하면 행복幸福한 가정이 이루어진다. - 유태인 격언 -

👠 순결純潔과 정숙貞淑을 지키겠다고 결심하면 1개 사단師團의 병사兵士들 속에서도 자신의 몸을 지킬 수 있다.

- 세르반테스 -

보라 수국•바람둥이

♥ 순결純潔한 여자에게는 만사萬事가 순결하다.

영웅英雄은 색色을 좋아하고, 호걸豪傑은 술을 좋아한다.
(지혜智慧와 용맹勇猛이 있는 사람은 여자와 놀기를 좋아하고, 도량度量이 넓고 기개氣槪가 있는 사람은 술을 좋아한다는 뜻이다)

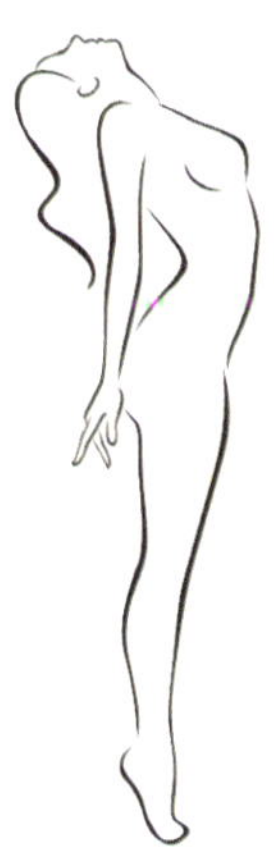

미친년 냉이 캐듯 한다.
(일을 어수선하게 만든다는 뜻)

산파첸스•나의 사랑은 당신보다 깊다

하늘에서 내리는 비와 재혼再婚하려는 여자는 어느 누구도 말릴 수가 없다.

- 중국 속담 -

중년 여자들의 성형수술成形手術은 세월의 흐름에 맞장 뜨는 것이고, 보톡스는 인위적 방부제防腐劑로 젊음을 위장한 것에 불과할 뿐이다.

꽃은 아름다움의 대명사代名詞다. 그래서 여자를 꽃으로 비유한다. 꽃은 꺾는 것이 아니라 간직하는 것이다.

노란 붓꽃•믿는 자의 행복

여자와 수박은 우연히 선택選擇된다. - 그리스 속담 -

결혼結婚은 판단력判斷力부족에서 이루어지고,
이혼離婚은 인내력忍耐力부족에서 이루어지며,
재혼再婚은 기억력記憶力부족에서 이루어진다.

어진 여자는 남편의 면류관冕旒冠이고, 악惡한 여자는 남편의 뼈를 썩게 한다. - 잠언 제12장 4절 -

봉선화•나를 건드리지 마세요

❤ 여자란 끝없이 자기 자랑의 소유자所有者다.

🌹 여자가 세상에 태어나 반드시 거쳐야 할 위대한 사명使命은, 성性적으로 남자를 위로하고, 다음 세대 인류문명에 이바지할 새로운 남자들을 잉태孕胎하는 것이다.

- 이집트 속담 -

👠 기혼既婚 남성은 싱글보다 오래 산다. 하지만 자살하고자 하는 사람은 기혼 남성이 더 많다.

- 조니 카슨 -

벚나무•정신의 아름다움

세상에서 가장 행복幸福한 사람은 좋은 여자를 아내로 맞이하는 남자다.

아내의 덕행德行은 친절親切히 보고, 아내의 잘못은 못 본 척해야 한다.
집안이 편해지려면...

사랑하는 여자가 나타나면 백번의 연설演說보다
단 한 번의 행동이 더 효과적效果的이다.

겹벚나무 꽃•정숙, 단아함

악마惡魔가 힘이 부족하면 여자를 심부름꾼으로 보낸다.

- 러시아 속담 -

사랑을 성욕性慾으로 간주해 버리고 경계境界하는 여자도 기가 차지만, 성욕을 사랑이라고 믿고 달라붙는 여자는 더 기가 차다.

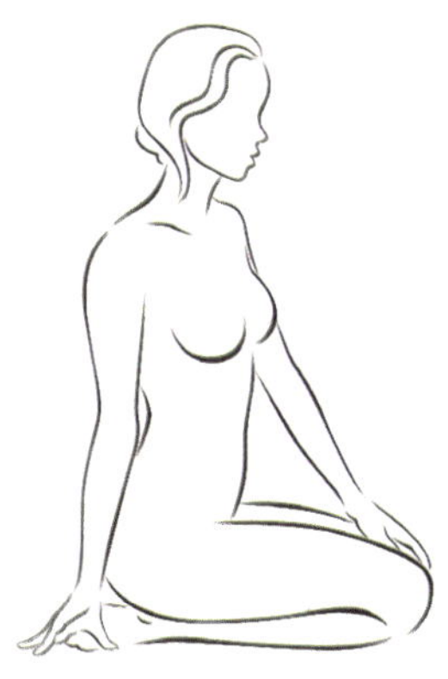

남자가 가지고 있는 최고最高의 재산財產이자 최악最惡의 재산은 바로 아내이다.

- 토마스 풀러 -

미모사•예민, 섬세

여자의 말 전달은 빛보다 더 빠르다. - 아인슈타인 -

아무리 바빠도 여자는 자기 자신을 우아優雅하고 깨끗하게 단장丹粧해야 한다.

여자가 구질구질하고 자기 자신을 사랑하지 않는데 어떤 남자가 그 여자를 사랑하겠는가?

오르가즘을 느끼지 못하는 여자는 섹스보다 사랑, 성격, 능력을 조건으로 보지만, 오르가즘을 경험(經驗)한 여자는 속궁합을 절대 무시하지 않는다.

무궁화•무궁무진함, 영원함, 일편단심

♥ 여자의 성욕性慾이 4배 높아지는 시기는 바로 배란기排卵期 때다.

독립적獨立的인 여자가 되어라.
경제經濟도 사업事業도 남자한테 의지하지 않는 독립적인 여자가 아름답고 매력적魅力的이다.

못난 계집이 바람맞이에서 방귀 뀐다.
(미운 사람이 미운 짓만 골라 하는 것을 말함)

문주란꽃•청순, 순박함

♥ 계집 싫다는 놈 없고, 돈마다 하는 놈 없다.

계집 못된 것이 아래위로 주전부리한다.
(살림도 못 하는 여자가 양식糧食을 팔아 군것질하고 밤이면 외간 남자를 만난다는 뜻이다)

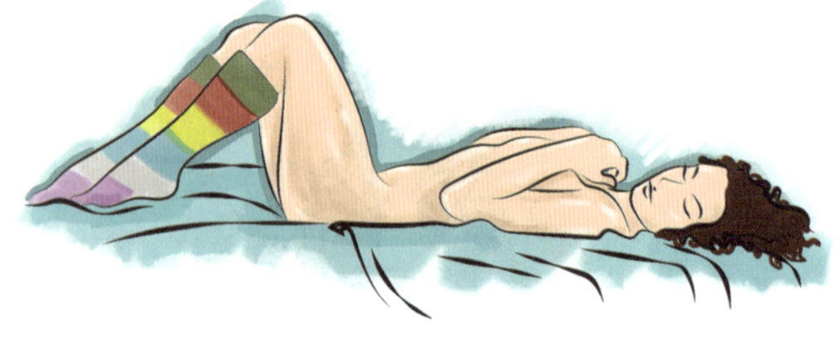

계집이라면 절구통에 치마 두른 것도 좋아한다.
(계집에게 환장한 사람은 아무리 못난 여자라도 좋아한다는 것이다)

마타리•미인

♥ 술장사 삼 년에 상다리만 남고, 갈보 짓 삼 년에 버선 짝만 남는다.

사랑을 뉘우친다는 것은 있을 수 없다.
왜?
사랑에는 죄목罪目이 없으니까.

고자鼓子가 하룻밤에 열두 번 여자 배에 오른다.
(먹어보지 못한 음식은 더 먹고 싶어하는 것을 말함)

라일락•젊은 날의 추억, 첫사랑

얻기 쉬운 여자가 버리기도 쉽다.

여자는 남자가 사랑의 행위行爲를 하면 경험자經驗者로 취급하고, 해주지 않으면 바보 취급한다.

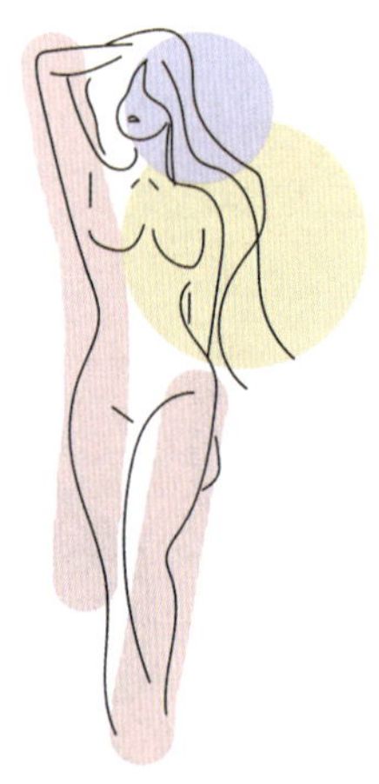

현명賢明한 여자女子는, 키스는 하되 사랑에 빠지지 않고, 들어도 믿지 않으며, 버려지기 전에 먼저 떠나는 여자다.

디기탈리스•불성실

♥ 아내 나쁜 것은 백년百年 원수怨讐고, 된장 신 것은 일 년 원수다.

- 한국 속담 -

비싼 여자가 되기 위해서는 남자의 머릿속에 '저 여자는 나 없이도 살 수 있지만, 난 저 여자 없으면 못 산다'는 생각을 갖게 해야 한다.

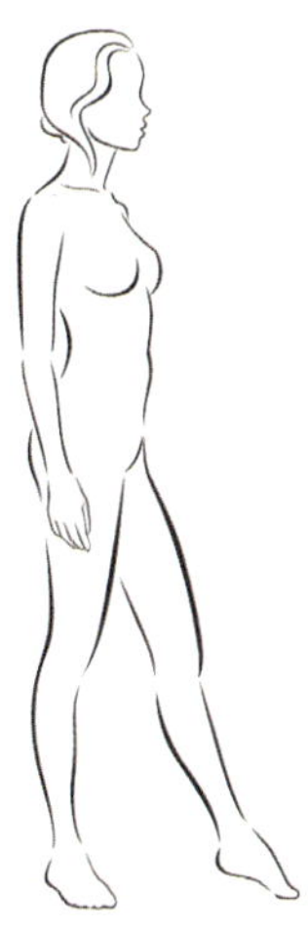

꼴도 보기 싫은 년이 속옷 벗고 덤빈다.
(보기 싫은 사람이 친절親切을 베풀며 덤빈다는 뜻이다)

하이페리콤•변치않는 사랑

남녀가 입을 맞추면 배꼽도 맞추게 된다.

아내란 법法으로 짊어진 짐이니 자기 재산財産처럼 사랑해 줘야 한다. 그러나 남자는 자기 재산도 영원永遠히 사랑하는 것을 원願하지 않는다. - 페트로니우스 -

꽃 탐하는 나비는 거미줄에 걸려 죽는다.
(계집을 밝히다 가는 큰 봉변逢變을 당하게 된다는 것이다)

댑싸리•청초한 미인

신神이 여자를 만든 것은 남자를 사육飼育하기 위해서다.

\- 볼테르 -

나무도 고목古木 되면 오던 새도 아니 온다.
(늙어지면 사랑하는 사람이 없다는 것이다)

결혼結婚에는 품질 보증서品質 保證書가 없다.
그런 것을 찾는다면 자동차 배터리와 살아라. - 봄벡

능소화•명예

❤ 늦바람난 여편네 속옷 마를 여가 없다.

🌹 미인美人은 사흘에 싫증이 나고, 추녀醜女는 사흘에 정情이 든다. (외모外貌는 쉽게 싫증이 나지만, 정은 오래간다는 뜻이다)

👠 사랑을 백지白紙에 그리면 그림이 되지만, 마음에 그리면 그리움이 된다.

꽃항유•조숙, 성숙

♥ 열 시아버지보다 한 시누이가 더 밉다.

누워서 주나 앉아서 주나 주기는 한가지다.
(이왕 줄 바에는 편하고 기분 좋게 주라는 뜻이다)

과붓寡婦집에 가서 바깥양반 찾는다.
(엉뚱한 곳에서 엉뚱한 것을 찾는 것을 말함)

금잔디•온화

❤ 삼십 지난 여자요. 정월 지난 무우다.

(가장 좋은 전성기全盛期가 지났다는 뜻이다)

🌹 길 터진 밭에 말이나 소가 안 들어갈까?

(입구를 열어둔 밭에는 말이나 소가 들어가게 되듯이, 바람기 있는 여자에게는 남자가 따르게 된다는 것이다)

👠 달라는 것이 고마워서 준다.

(버림당한 여자에게도 찾아주는 남성이 있으면 반갑게 맞이한다는 뜻)

하얀 국화•진실, 성실, 감사

여자는 남자를 위해 화장化粧한다.

식물학적植物學的으로 속씨식물과 겉씨식물 등 종자식물種子植物의 생식기관生殖器官을 꽃이라 하고, 여자를 꽃이라고 하는 이유는 자식을 낳을(종자) 생식기관(꽃)인 성기性器가 있기 때문이다.

성性관계야말로 조물주造物主가 준 최고의 기쁨이자 행복幸福이고 진정한 창조創造 행위다.

과꽃•변화, 추억

❤ 여자는 데려오기는 쉬워도 길들이기는 어렵다.

🌹 명태는 빨랫방망이로 두드리고, 여자는 가죽 방망이로 두드려야 부드러워진다.
(명태는 빨랫방망이로 두드려야 부드러워지고, 여자는 남편男便과 애정愛情이 좋으면 상냥하게 된다는 뜻이다)

👠 독毒을 품은 아내가 밥을 하면 독약毒藥이 된다.
아내에게 한恨을 품지 않게 하라.

솔리다스터•경계

여자가 열이 모이면 쇠도 녹인다.
(여자들은 말이 많다는 것이다)

도라지꽃 못된 것이 양바위 틈에서 핀다.
(한 여자가 두 남자 사이에서 삼각연애戀愛 하는 것을 말함)

못난 사나이는 아내를 두려워하고,
현숙賢淑한 여인은 남편男便을 공경恭敬한다.

- 강태공 -

아스틸베•기약없는 사랑

♥ 여자는 마른 데가 질어지고, 질던 데가 마르면 여자구실 못 한다.

🌹 여자는 손이 길고, 남자는 발이 길다.
(여자는 솜씨가 좋아야 하고, 남자는 활동活動이 넓어야 한다)

👠 떴다 감은 눈짓은 정들자는 뜻이고, 감았다가 뜨는 눈짓은 나를 보라는 뜻이다.
(눈짓으로 연애戀愛하는 것을 말함)

산벚꽃•당신에게 미소를, 고상

❤ 지혜(智慧)로운 여자는 자기 집을 세우지만,
미련한 여자는 자기 손으로 그 집을 허문다.

- 잠언 제14장 1절 -

🌹 무릎을 벗겨가며 자식 헛 낳았다.
(자식 농사를 버리게 되었다는 뜻이다)

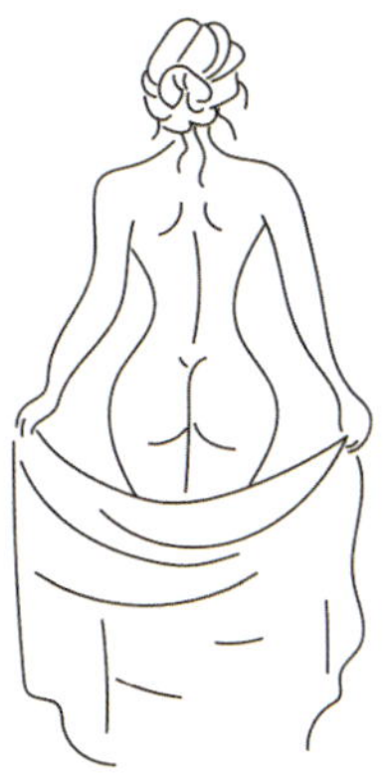

👠 물동이를 인 여자 귀 잡고 입 맞추기.
(남의 약점弱點을 이용하여 못된 짓을 하는 것을 말함)

- 흥부전 -

히비스커스•섬세한 아름다움

좋은 결혼結婚은 눈먼 아내와 귀 먼 남편의 결혼이다.

- 몽테뉴 -

부부애夫婦愛를 두텁게 하는 성교性交의 6가지 원칙原則,

- 일 착一 窄: 음부陰部가 좁아서 뿌듯하게 들어가야 하고,
- 이 온二 溫: 음부 속이 따뜻해야 하고,
- 삼 치三 齒: 음부로 남근男根을 질근질근 씹어야 하고,
- 사 요본四 搖本: 성교할 때는 남자에게 쾌감을 주려고 아랫도리를 요리조리 놀려야 하고,
- 오 감창五 感愴: 여자가 성감性感에 도취陶醉되어 울부짖게 되어야 하고,
- 육 지필六 遲畢: 오랫동안 계속해서 남녀가 다 같이 성적 만족을 느끼게 해야 한다.

여자는 언제나 바늘을 가지고 다녀야 한다.
(늘 준비성準備性이 있어야 한다는 뜻)

해당화•온화, 원망

여자는 악마惡魔의 친절한 비서다.

여자는 이십 대엔 꿀같이 달고, 삼십 대엔 무장아찌처럼 짭짤하고, 사십 대엔 시금털털하고, 오십 대엔 매운맛만 나고, 육십이 지나면 쓴맛만 남는다.

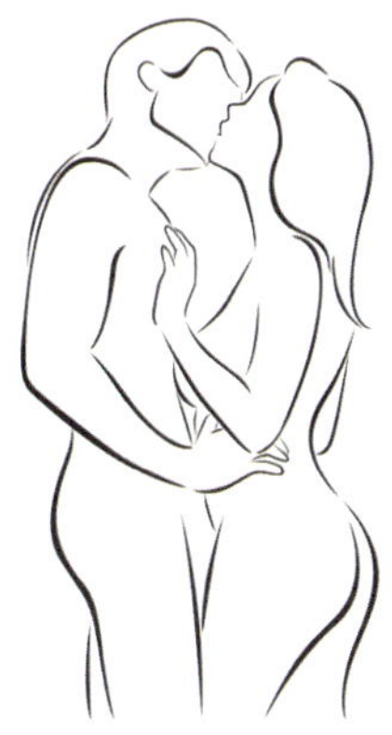

색정色情과 욕심慾心은 죽어야 없어진다.
(성욕性慾과 물욕物慾은 죽지 않는 한 소유하게 된다는 뜻이다)

흰색 프리지아•순수함, 순결함

여자는 악마惡魔도 생각하지 못하는 계책計策을 알고 있다.

- 프랑스 격언 -

여자와 물그릇은 울타리 밖에 두지 말라.
(가정家庭이 있는 여자가 외출外出을 자주 하면 바람을 타게 된다는 뜻이다)

이혼離婚하는 부부 중에 속궁합이 잘 맞는데 성격차이로 이혼하는 경우는 거의 없다.

팔레놉시스•당신을 사랑합니다

미인美人은 나이가 없다.

지눌 선사의 한마디,
재물財物과 여자가 주는 재앙災殃은 독사毒蛇보다도 더 심각하다고 했으니?

아내는 남편의 관심關心 어린 따뜻한 말속에서 얼굴이 빛나고,
금金과 은銀은 불 속에 정련精鍊되어야 빛난다.

노란 튤립•이루어질 수 없는 사랑

밤에 봐서 안 예쁜 여자 없고, 먼 데서 봐서 안 예쁜 여자 없다.

수다 중 가장 아름다운 수다는 책 수다라 했다. 그래서 옛 선조들은 남편은 서당書堂에서 구하고, 부인은 부엌(부지런한 사람)에서 구하라고 하지 않았던가.

뱀은 봐도 남의 여자는 보지 말랬다.
(간음하지 말라는 뜻이다)

큰금계국•상쾌한 기분

볶은 콩과 젊은 여자는 곁에 있으면 그저 손이 간다.

방아는 새것이 좋고, 여자는 닳은 것이 좋다.
(방아는 새 방아가 잘 찧어지고, 여자의 성감性感은 성교性交가 능숙해야 쾌감快感을 느끼게 된다는 뜻이다)

여자는 싫어하는 남자의 사랑한다는 분명한 말 한마디보다, 좋아하는 남자의 입에서 지껄이는 말 한마디에 마음이 더 흔들린다.

- 라파예트 -

카라•정열, 환희

향기香氣가 없는 여자와의 사랑은 쉬 식어버린다.
향기 없는 과일은 벌레도 먹지 않듯이.

여자는 결혼結婚전에 남자를 붙잡기 위해 섹스를 하고,
결혼 후엔 섹스를 하기 위해 남자를 붙잡는다. - 마릴린 먼로 -

암탉이 오리알을 낳고도 수탉에게 할 말이 있다.
(여자가 서방질하고도 남편에게 할 말이 있다는 뜻)

천일홍•불후, 변하지 않는다

여자는 사랑의 속삭임을 듣고자 한다. 설사 그것이 욕정慾情에 넘치는 소리라 할지라도. - 앙리 -

열녀전列女傳 끼고 서방질한다.
(겉으로는 행실行實이 깨끗한 척하면서도, 한편으로는 정숙貞淑하지 못한 행동을 한다는 뜻이다)

여자는 남자가 질투嫉妬를 하면 속 좁다고 생각하고, 질투하지 않으면 다른 여자가 생겼다고 생각한다.

조팝나무꽃•노련하다.

집안에 훈기薰氣가 나거나 냉기冷氣가 도는 것은 여자 탓이다.

여자는 첫째가 인물人物이고, 둘째가 심덕心德이고, 셋째가 밤일이고, 넷째가 건강健康이다.

신神이 여자에게 수염鬚髥이 나지 않게 한 이유는 화장할 때 불편을 없애기 위함이다.

하얀 장미•순수한 사랑, 순결, 순진

여자와 북어는 삼일에 한 번씩 패야 한다. - 한국 속담 -

여자 사십 전 바람은 고쳐도, 사십 후 바람은 못 고친다. 왜? 남녀 간의 진한 섹스의 정을 알게 되었으므로 ……

결혼結婚은 인생의 한 수가 아니라 원수怨讎다.

원추리•기다리는 마음

여자에 빠진 자와 술에 빠진 자는 영혼靈魂을 파멸破滅시킨다.

일본의 최고最古 역사서인 고사기古事記에는, "제 가슴을 살며시 두드리고 허벅지에 손을 밀어 넣어 숲을 어루만지고 샘이 흥건해지면 들어오세요. 그때까지 초조해 하시면 안 됩니다"라는, 급하게 서두르는 남자를 생각하여 속을 태우는 걱정이 기록되어 있다.

억제抑制하기 어려운 순서대로 하자면 여자와 술과 노래다.

에키놉스•경계, 동심

♥ 마누라와 국회의원 공통점

- 좌우지간左右之間 말이 많다.
- 내가 선택選擇했지만 후회한다.
- 말로는 도저히 이길 수가 없다.
- 내 돈 쓰면서 항상 당당하다.
- 아는 체 하지 않다가도 필요必要하면 아양을 떤다.
- 할 일이 많아 바빠 죽겠다고 하는데 매일 노는 것 같다.
- 돈을 엄청 좋아한다.
- 거짓말을 하고도 얼굴 색깔 하나 변하지 않는다.

마누라가 국회의원보다 좋은 점

- 밥을 해준다.

국회의원이 마누라보다 좋은 점

- 4년마다 갈아치울 수 있다.

금영화•감미로움, 희망

여자의 조국祖國은 젊음이다.
젊을 때만 여자는 행복幸福하다. - 게오르규 -

결혼結婚은 새장과 같다. 새장 밖의 새들은 안으로 들어가려고 애쓰고, 새장 안의 새들은 밖으로 나가려고 발버둥친다.

- 몽테뉴 -

밧줄로 바늘귀 꿰기보다 여자들 침묵沈默시키기가 더 어렵다고 옛 성인聖人들은 말하고 있으니, 헐~

등골나무•주저

날 해치지 않는 존재存在 중 유일하게 두려운 존재가 바로 여자다. - 링컨 -

힘으로는 여자를 굴복屈伏시킬 수 있어도 순종順從시킬 수는 없다.
순종시킬 수 있는 것은 진실한 사랑이 동반된 믿음뿐이다.

여자를 아름답게 만드는 것은 신神이고,
여자를 매혹적魅惑的으로 만드는 것은 악마惡魔다. - 위고 -

아이리스•좋은 소식

지껄이는 즐거움은 여자에게는 꺼지지 않는 열정熱情이다.

현대판 여권 운동의 선두주자 보부아르(1908 ~ 1986), "우리는 여자로 태어난 것이 아니라 여자로 만들어진다"면서, 사회적인 사육飼育의 족쇄足鎖를 깨뜨리기 위해 앞장섰던 그는 샤르트르와의 육체적肉體的 사랑이 고갈되자 미국의 유부남 소설가小說家 넬슨 알그렌과 17년간 로맨스를 이어갔다. 프랑스와 미국을 오가면서, 보부아르는 연애戀愛에서도 뜨거운 여자였다. 이런 말까지 하였으니까.

"여자는 졸고 있는 남자를 증오憎惡한다. 여자는 항상 연인을 자기 곁에 두고 싶어 한다" 라고.

여자는 정복征服하는 것만이 아니라 정복 당하는 것도 좋아한다.

- 윌리엄 새커리 -

시클라멘•수줍음, 질투

여자는 훌륭한 악기樂器다. 사랑이 그 활이며 남자는 연주자이다.

- 스탕달 -

한 여자가 공자孔子에게 질문하기를.

"공자님!

왜? 여자는 여럿 남자를 사귀면 '걸레'라고 말하고, 남자가 여럿 여자를 사귀면 '능력能力' 좋은 사람이라고 합니까?"

공자 왈曰,

"잘 듣게, 자물쇠 하나가 어떤 열쇠로도 열린다면 그 자물쇠는 자물쇠가 아니라 쓰레기 취급을 받지만, 열쇠 한 개로 수많은 자물쇠를 열 수 있다면 그것은 바로 '마스터 키master key'라고 한다네. 잘 알겠는가?"

사랑의 상처傷處는 사랑하는 사람을 만나 더 많이 사랑하는 것 외에는 다른 치료약治療藥이 없다.

감사합니다

고맙습니다.

사랑합니다.

세계사世界史 속의
대표
사랑꾼들

감사합니다

고맙습니다.

사랑합니다.

스노우드롭•희망, 위안

마누라의 잔소리는 무르팍을 파고드는 바늘처럼 고통苦痛스럽다.

세계사世界史 속의 대표 사랑꾼 1

성욕性慾은 인간의 가장 근본적인 욕망慾望이다. 불멸不滅의 유혹자 카사노바.

그가 세계적인 사랑꾼이 될 수 있었던 것은 다재다능(성직자, 작가, 시인, 음악가, 과학자, 외교관)함과 폭넓은 교제가 있었기 때문이다.

카사노바 왈,

"나는 여인을 사랑했다. 하지만 내가 진정眞正 사랑한 것은 자유였다"라고 외친 그는, 연상의 여인 베티나에게 동정童貞을 받쳤고, 1,000여 명이 넘는 여인들과의 섹스는 단순한 욕정慾情을 배설排泄하는 행위가 아니라 언제나 진심으로 여자를 사랑한 진정한 낭만주의자浪漫主義者였지만, 원초적 본능을 숨기지 않고 감각感覺이 원하는 대로 쾌락快樂을 즐기는 자이기도 하였다.

고양이와 여자는 매질을 하지 않으면 살이 오른다.

- 일본 속담 -

블루 수국•진심

부부란 서로 반씩 되는 것이 아니라 하나로써 전체全體가 되는 것이다.

- 반고흐 -

세계사世界史 속의 대표 사랑꾼 2

돈 후안(돈 조반니).

서양西洋에서 카사노바와 함께 사랑꾼의 양대 산맥으로 명망名望이 높았던 그는 무려 2,065명의 여성을 정복征服한 스페인의 전설傳說로 전해오는 인물이다.

돈 후안은 1787년 모차르트의 오페라에 '돈 조반니'로 등장하였다.

하라고 해도 못 하는 놈이 바지부터 벗는다.

(일도 못 하는 놈이 일을 시작하려고 덤빈다는 뜻이다)

산세베리아•관용

바다에는 한계限界가 있지만, 여자의 격렬한 욕정慾情에는 한계가 없다.

세계사世界史 속의 대표 사랑꾼 3

교황敎皇 알렉산데르 6세.

가장 타락墮落한 교황으로 알려진 그는 자식만 8명이고, 귀족의 딸, 하녀, 창녀, 배우 할 것 없이 닥치는 대로 정사情事를 나눠 그의 별명別名은 바티칸의 네로 황제였다.

강도强盜는 돈이나 생명生命 중 어느 하나만 요구要求하지만 여자는 양쪽 다 요구한다.

불두화•제행무상

❤ 모든 인간이 태어난 것은 쾌락快樂의 덕분이다.

🌹 세계사世界史 속의 대표 사랑꾼 4

모로코 술탄물레이 이스마일.

기네스북에 기록된 자녀만 888명이고, 프랑스 외교관外交官의 기록에 의하면 무려 4명의 부인과 500여 명의 첩妾 사이에 1,171명의 자녀를 두었으며, 학자學者들의 연구硏究에 따르면 32년 동안 하루 0.83~1.43회의 성관계를 맺었다고 기록하고 있다.

발이 편하려면 버선을 크게 짓고, 집안이 편하려면 계집을 하나만 두면 된다.

봄맞이꽃•봄의 속삭임

어자가 말이 많으면 장맛이 쓰다.

세계사世界史 속의 대표 사랑꾼 5

아우구스트 2세.

폴란드 왕국王國의 국왕國王으로서, 수많은 여자를 가까이에 둔 결과結果, 무려 354명의 사생아私生兒가 태어났으며, 심지어 자신의 딸도 욕정慾情의 대상이었다고 하니 진짜 나쁜 놈.

가장 이상적理想的인 여자와 무난히 살아가는 방법은, 그 여자에 관한 일에 결코 간섭干涉하지 않는 것이다.

노란 미모사•숨긴 사랑

여자와 술과 돈에는 즐거움과 독毒이 함께 존재存在한다.

세계사世界史 속의 대표 사랑꾼 6

히카루 겐지.

일본日本 역사를 대표代表하는 히카루 겐지는 54명의 첩妾을 두고도, 계모, 숙모, 형제 약혼녀, 부하의 처와 딸, 사촌 과부와 그의 딸들에게....인간이 아니라 금수禽獸와 같은 짓을 한 놈이다.

젊은 여자는 연인戀人을 구하고, 늙은 여자는 속내를 털어놓을 남자를 구한다.

불노초•당신을 믿고 따릅니다

♥ 아랫도리 장사다. (매춘賣春을 업으로 하는 것을 말함)

세계사世界史 속의 대표 사랑꾼 7

고려高麗 태조 왕건.

왕건은 29명의 부인과 34명(남 25명, 여 9명)의 자녀를 두었지만, 난봉꾼 기질氣質보다는 불안한 왕조를 지키기 위해서 지방 호족豪族들과 공신功臣들의 딸을 왕비로 삼았던 것이다.

여자와 술의 달콤한 맛에 빠지면 죽은 송장도 벌떡 일어나고, 마을 어귀에 장승도 춤을 춘다.

미나리아제비•말의 발자국

여자는 지옥地獄의 문門이다. -성聖 제롬 -

세계사世界史 속의 대표 사랑꾼 8

율리우스 카이사르.

고대古代 지중해 세계를 지배支配하면서 로마 제국사의 전환점을 마련했던 율리우스 카이사르는, 세계사 속의 유명한 미인美人 중 한 사람인 클레오파트라의 연인戀人이기도 하지만, 사실 클레오파트라는 카이사르의 수많은 여인 중 한 명에 불과 할 뿐이었다. 당시 로마에서는, "로마의 남편男便들이여 아내를 감추어라 대머리 난봉꾼 카이사르가 나가신다"라고 하였으니까.

술맛은 여자의 질펀한 관능官能 속에서 한층 더 오묘한 맛을 낸다.

채송화•가련, 순진

아내가 없는 것 다음으로는 착한 아내가 최고最高다.

세계사世界史 속의 대표 사랑꾼 9

바이런(낭만주의 시인).

이복누나 어거스트, 사촌 동생 등 근친상간은 물론 친구 누나, 이웃집 과부寡婦, 영국총리 부인이 될 캐롤라인 램과도 불륜을 저지른 자이다.

먼저 누워도 나중에 일어나는 것이 여자다.

(일을 먼저 시작하고도 마무리는 나중에 한다는 뜻이다)

메리골드•우정, 예언, 반드시 오고야 말 행복.

남자가 성력性力이 좋은 것은 성공成功의 지름길이다.

세계사世界史 속의 대표 사랑꾼 10

허균(조선시대 대표적 낭만주의자). 주로 기생들과 염문을 뿌렸지만, 가장 유명했던 스캔들의 주인공主人公은 기생 매창과의 사랑이었다. 매창과는 육체적肉體的 관계가 아닌 정신적精神的 사랑 즉, 플라토닉 러브로서 낭만적浪漫的인 진면목을 보여주었다.

허균 왈, "매혹적魅惑的인 여자를 만나면 성욕性慾을 느끼는 것은 하늘의 뜻이고, 인간들이 도덕적인 굴레를 만들어 성욕을 강제로 감금시키는 것은 하늘의 뜻을 배신背信하는 것인 만큼 나는 하늘의 뜻을 따르겠다" 라고 외치다가 사문난적斯文亂賊으로, 그것도 제자였던 광해군에게 처형당하고 말았다.

홀아비 눈에는 미운 여자 없다는 말은,
아쉬운 입장立場에서는 다 좋게 보인다는 뜻이다.

마거리트•마음속에 감춘 사랑

틈새는 북한 말로 여자女子의 성기性器를 말한다.

세계사世界史 속의 대표 사랑꾼 11

자코모 푸치니(이탈리아).

세계적인 오페라 작곡가인 그는 친구의 아내 엘비라와 성관계를 맺었고, 20살인 코린나, 유부녀有夫女 요제피네, 시빌 셀리그먼에제 등 수백 명의 여인과 정사情事를 나눈 그에게 늘 따라다니는 수식어修飾語는 오페라계의 카사노바로 통하였다.

그의 곡 중 나비부인은 일본을 배경으로, 서부의 아가씨는 미국 서부를 배경으로, 투란도트는 중국을 배경으로 작곡한 것이다.

눈물은 못생긴 여자에겐 도피처逃避處이고, 아름다운 여자에겐 관심 關心 끌기이다.

라벤더•정절, 풍부한 향기, 기대

성욕性慾은 마음의 벌레다.

세계사世界史 속의 대표 사랑꾼 12

피카소(스페인).

몽마르트 시절, 첫 여인인 페르낭드 올리비는 그의 전속 모델로서, 원시적原始的인 육체肉體와 단순함에 매력을 느꼈고,
두 번째는 러시아 발레리나인 에바구엘,
세 번째는 올가코 클로바,
네 번째는 마리 테레즈 발터,
다섯 번째는 도라 마일,
여섯 번째는 프랑수와즈 질로,
일곱 번째는 자클린 로크로 등
공인公認된 여인만 7명, 그는 동거同居, 결혼結婚, 이혼離婚을 계속 반복하면서 수십 명의 여인과 관계關係를 맺었다.

두부 딱딱한 것과 여자 딱딱한 것은 쓸모가 없다.

쿠루쿠마•당신을 사랑합니다

 세계사世界史 속의 대표 사랑꾼 13

제우스(그리스와 로마 신화의 최고의 신).

제우스는 대단히 많은 여성과 성性관계를 맺었다.

※ 여신女神들과의 성性관계

- 헤라(최고의 여신)는 제우스와 성관계를 한 후 제우스를 가장 높은 자리에 오르게 하였으며,
- 데메테르(대지의 여신)와 관계에서 딸 페르세포네를 낳아 농업과 식물의 생장 및 모든 자연自然의 이치도 제우스가 자신의 것으로 가졌고,

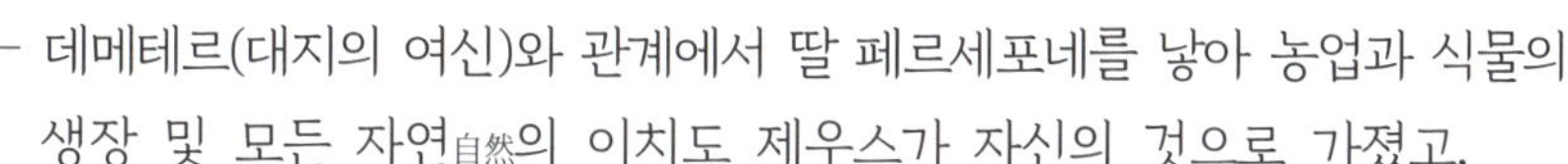

- 메티스(지혜의 여신)와 관계를 가져 우주, 인간, 지상의 모든 것을 거느리는 율법律法을 자신의 것으로 만들었고,
- 므네모시네(기억의 여신)와 관계로 9명의 여신을 낳는다. 나인 뮤즈 즉, 뮤즈라 불리는 이 여신들은 문화文化, 역사歷史, 학문의 신들로, 제우스는 모든 문화에 대한 권력을 가지게 되었다.
- 니오베는 제우스와 최초로 살을 섞은 여인으로 아르고스를 낳았다.

그 많은 여신들의 힘을 가졌음에도,

인간 여성들과 바람을 피울 때는 자신의 모습을 변신變身하여, '레다Leda'를 만날 때는 백조로, '다나에Danae'는 황금비로, '에우로파Europa'를 납치할 때는 황소로, '알크메네Alcmene'와 동침할 때는 남편 모습으로 변신했다. 알크메네Alcmene와의 관계에서 낳은 아들이 '헤라클레스'이다. 이외 요정 님프와도 동침했다.

감사합니다

고맙습니다.

사랑합니다.

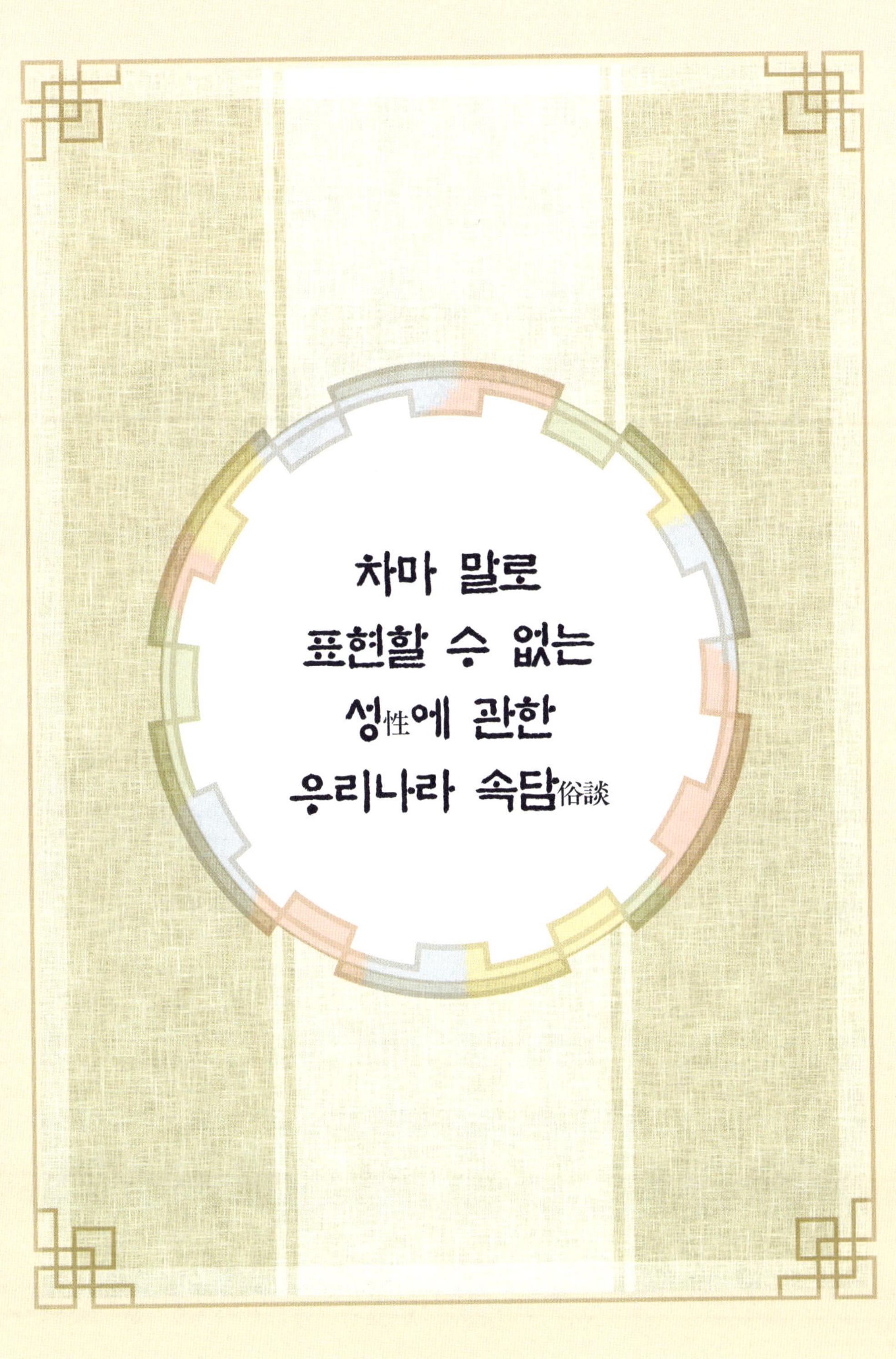

차마 말로 표현할 수 없는 성性에 관한 우리나라 속담俗談

감사합니다

고맙습니다.

사랑합니다.

등나무•사랑에 취함

게으른 여편네 일 제쳐놓고 보지 털 센다.

코 커서 얻은 서방 좆은 자라 좆이다.
(소문所聞만 풍성하고, 실實속이 없어 실망失望하였다는 뜻이다)

공 씹하고 비녀 빼간다.
(의리義理도 없고 인정人情도 없는 뻔뻔한 도둑놈을 말함)

도라지•영원한 사랑

국 쏟고 보지 데이고, 탕기 깨고 서방한테 매 맞는다.
(불운不運이 계속 겹친다는 뜻이다)

귀신鬼神 센 집에는 말言 씹도 벙긋 못한다.
(엄한 집안에서는 사소한 행동도 제대로 못 한다는 뜻이다)

부아가 홀아비좆 일어서듯 한다.
(화를 잘 내는 사람을 조롱하는 말)

낮달맞이꽃•무언의 사랑

♥ 내 여자와 씹한 놈이 내 함지박 깬다.
(속사정을 아는 사람이 손해損害를 입힌다는 뜻이다)

낫으로 좆 가리는 놈이나, 구멍 난 풀잎으로 씹 가리는 년이나.
(아무런 효과效果도 없는 일을 하는 사람을 조롱하는 말)

나 낳은 뒤에야 어미 보지가 바르거나 기울거나.
(자기 일만 끝나면 그만이라는 뜻이다)

노루오줌•기약 없는 사랑, 정열, 연정

열두 살부터 기생妓生 노릇을 했어도 배꼽에 좆 박는 놈은 처음이다. (무식한 사람을 조롱하는 말)

남의 씹은 부지깽이로 쑤신다.
(제 것은 하찮은 것도 소중하게 여기면서 남의 것은 소중한 것도 함부로 취급함을 이르는 말)

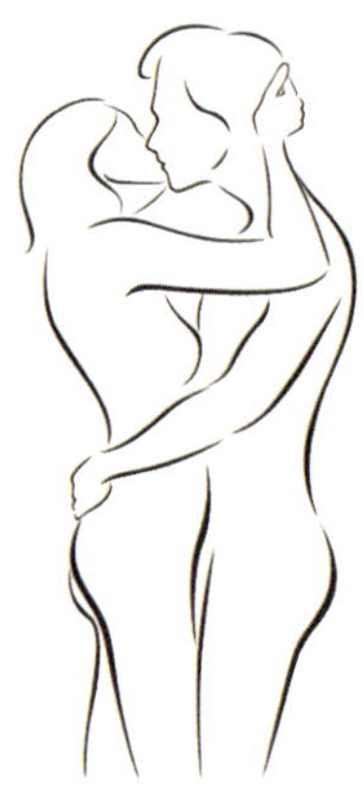

남의 사정事情 봐주다 가는 갈보 된다.
(이 사람 저 사람의 사정을 다 들어주다 가는 신세 망치게 된다는 뜻이다)

꽃창포•우아한 마음

논과 보지는 물이 있어야 한다.

홀아비좆 일어나 봤자 용두질이나 친다.

(소용없는 일을 하는 것을 말함)

※ 용두질: 남성이 여성과 육체적 결합 없이 자기의 생식기를 주무르거나 다른 물건으로 자극하여 성적쾌감을 얻는 것.

내 씹 주고 매 맞는다.

(손해損害 보는 일만 한다는 뜻)

금낭화•당신을 따르겠습니다

과부 씹 두덩은 과부가 씻는다.
(자기가 할 일은 자기가 해야 한다는 것이다)

말馬 씹하는 것을 보면 젊은 과부寡婦는 단봇짐을 싸고, 늙은 과부는 한숨만 쉰다. (동물들 중 성기가 가장 좋다는 말馬이 교미하는 것을 보면 성적충동性的衝動을 받아 젊은 과부寡婦는 수절守節을 못 하고 시집을 가게 되고, 늙은 과부는 젊어서 시집 안 간 것을 후회後悔한다는 뜻임)

보지 좋은 과부寡婦다.
(아무리 좋은 물건이라도 쓰이지 않으면 소용이 없다는 뜻이지만, 현실은?)

보라 국화•내 모든 걸 당신에게

홍합紅蛤 씹엔 물도 많고, 말 많은 년 씹엔 털도 많다.

개미에게 보지 물린다.
(하찮은 일로 망신을 당한다는 뜻이다)

시집살이 말도 많고 탈도 많고, 삼각산에 돌도 많고, 곰의 씹엔 털도 많다.

꼬리조팝•은밀한 사랑

도둑 씹에 날 새는 줄 모른다.
(유부녀와의 간통은 너무 황홀하여 시간 가는 줄 모른다는 것이다)

말로 씹을 하면 자손子孫이 귀하고, 말로 떡을 하면 온 백성이 다 먹고도 남는다.
(실천에 옮기지 않으면 결실結實이 없다는 뜻)

보지 좋은 년은 가지밭에서 오줌만 누어도 임신한다.
(생식력生殖力이 강한 여자를 말함)

살비아•타는 마음, 정력, 정조

♥ 모든 새끼는 보지로 나오고, 세상만사世上萬事는 입으로 나온다.

사내 못난 것이 좆대가리만 크고, 계집 못난 것이 젖퉁이만 크다.
(소용없는 조건이나 좋지 않은 성미를 말함)

강 건너 시아비 좆이다.
(아무 상관없다는 뜻이다)

옥살리스•당신을 버리지 않을게요

❤ 개도 씹할 때는 방해妨害하지 않는다.
(동물이라도 교미交尾하는 것은 방해해서는 안 된다는 것이다)

🌹 갓난아이는 어미 젖 먹고 살고, 어미는 남편 좆 먹고 산다.
(갓난아이는 어머니 젖을 먹어야 살고, 젊은 여자는 남편이 있어야 산다는 뜻이다)

👠 씹같지 않은 씹에 좆 허리만 부러진다.
(좋아서 시작한 일도 중간에서 실패하는 경우도 있다는 것이다)

부들레아•친구의 우정

씹과 좆은 서로 커도 못 쓰고 작아도 못 쓴다.
(남녀男女의 성기性器는 서로 알맞아야 한다는 것임)

씹도 못 하고 불알에 똥칠만 했다.
(목적目的했던 일도 못 하고 손해損害만 보았다는 뜻)

씹도 못 하는 주제에 잠방이 벗고 덤빈다.
(일도 하지 못하는 주제에 일거리만 늘어놓는다는 것을 말함)

※ 잠방이: 가랑이가 무릎까지 내려오는 짧게 만든 남자용 홑바지.

아네모네•속절없는 사랑, 기다림, 허무한 사랑

씹도 하고 나면 싱겁다.
(성교할 때의 쾌감快感도 끝나면 허전하다는 뜻이다)

씹 맛 좋기는,
첫째가 유부녀有夫女, 둘째가 과부寡婦, 셋째가 여승女僧과 수녀修女, 넷째가 무당巫堂, 다섯째가 종婢년, 여섯째가 처녀處女, 일곱째가 기생妓生, 여덟째가 첩妾, 아홉째가 아내라고 하고 있다.

씹에는 임자가 없다.
(마음만 먹으면 아무하고도 성생활性生活을 즐길 수 있다는 뜻)

깽깽이풀•설원의 불심

♥ 씹하고 나면 달라진다.

(사랑하고 나면 미움도 사라진다는 뜻임)

씹 잘하면 좋은 일이 없어도 사흘은 웃는다.

(성교性交를 하면 좋은 일은 안 생겨도 며칠 동안은 기분이 좋다는 뜻이다)

씹은 정情이다.

(남녀男女 간에 성교性交를 하게 되면 정이 들게 된다는 것이다)

각시붓꽃•존경, 신비한 사랑

♥ 봄 보지는 쇠젓가락도 자르고, 가을 좆은 쇠판도 뚫는다.
(봄은 여성의 계절이고, 가을은 남성의 계절이라는 뜻이다)

🌹 비빔밥하고 보지는 질어야 맛이 좋다.
(비빔밥도 질게 비빈 것이 맛이 있고, 여자의 음부陰部도 물기가 있어야 성감性感이 좋다는 뜻)

👠 소문난 보지는 한 자尺고, 소문 안 난 보지는 두 자다.
(이름난 물건보다 이름 안 난 물건이 더 좋은 경우가 있음을 말함)

설앵초•수줍음, 행운의 열쇠

❤ 아주머니 씹은 덮어 주고도 의심疑心받는다.

(남에게 의심받는 짓은 아예 하지 말라는 것)

🌹 사면발이 덕에 보지 긁는다.

(음모陰毛에 기생하는 사면발이 때문에 가려워서 긁다 보니 자위행위를 하게 되듯이, 미운 놈의 덕을 보게 되었다는 뜻이다)

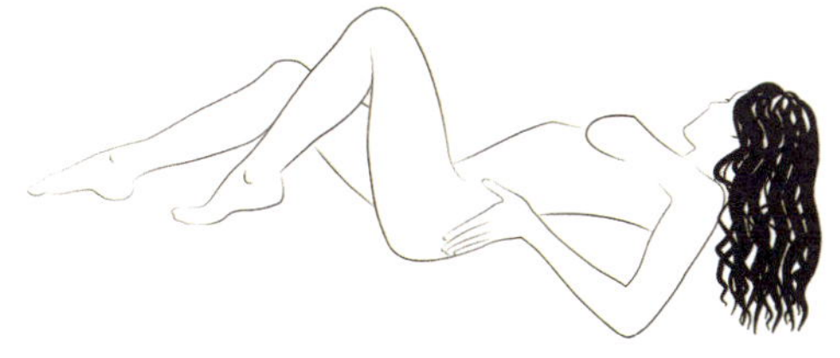

👠 엎어지면 궁둥이요. 자빠지면 보지뿐이다.

(재산財産이라고는 아무것도 없고 알몸뚱이 하나밖에 없는 신세를 이르는 말이다)

하얀 장미•존경, 순결

❤ 골난 년은 가죽 침이 약이다.
(화가 난 아내는 밤에 품어주면 풀린다는 뜻)

🌹 중신어미에게 씹하겠다.
(중신하러 온 중신어미에게 총각이 성교를 하려고 하듯이, 사리도 모르고 조급하게 서두르는 사람을 조롱하는 말)

👠 겁은 나도 도둑 씹 맛이 제일이다.
(유부녀有夫女와 간통姦通은 스릴이 있기 때문에 성감性感이 매우 좋다는 것이다)

잔대꽃•감상, 은혜

❤ 집중에는 계집이 제일이고, 방중에는 서방書房이 제일이다.

🌹 고추를 넣으면 화끈한 맛이 있어야 한다.
(성교性交할 때 여자 성기性器에 남근이 뿌듯하게 들어가야 좋다는 뜻이다)

👠 정情만 들면 부처도 씹 한다.
(정이 든 사이는 신분과는 관계없이 섹스를 할 수 있음을 말함)

주름잎•나는 너를 잊지 않는다

늦게 시집간 처녀가 씹 맛을 빨리 안다.

고기는 씹는 맛으로 먹고, 씹은 박는 맛으로 한다.
(고기는 씹어야 맛이 나고, 성교性交는 성감性感이 좋아야 한다는 뜻이다)

다른 도둑질은 다 해도 씹 도둑질은 못한다.
(물건物件 도둑질은 주인 모르게 하지만, 성교性交는 본인 모르게 할 수가 없다는 뜻)

해수화•흔들린 기억

♥ 대낮에 씹구멍 벌리고 덤빈다.
(창피한 것을 전혀 모르는 것을 말함)

도화살 낀 계집이야 오가는 길손 허기나 꺼주고, 살 수청守廳 들어 주면 된다. (술집 접대부는 나그네에게 술을 접대하고 밤이면 몸도 팔게 된다는 뜻이다)

돌부처도 씹 얘기를 하면 웃는다.
(성교性交에 대한 이야기는 점잖은 사람들도 속으로는 다 좋아한다는 것이다)

분홍 국화•장수

얼굴보다 떡판이 더 좋다.
(얼굴보다도 성교性交하는 기교技巧에 만족滿足한다는 뜻이다)

말馬과 계집은 바꿔 타봐야 새 맛을 안다.
(말馬이 좋고 나쁜 것은 이 말 저 말 바꿔 타봐야 알듯이, 성감性感도 여러 여자와 상대해 봐야 안다는 것이다)

남자는 팔십이라도 씹 생각은 못 버린다.
(남자는 늙어서 성생활을 못 하게 되어도 성에 대한 생각은 못 버린다는 뜻이다)

수레국화•행복, 섬세, 유쾌

모기 보지에 말 좆 박겠다.
(무지막지하고 미련한 사람을 비유比喩하는 말)

뒷동산 딱따구리는 생나무 구멍도 뚫는데, 우리 집 저 멍텅구리는 뚫어진 구멍도 못 뚫는다.
(남편이 성적性的으로 너무 무지하여 답답함을 호소하는 말)

땅거죽 꺼질까 봐 씹도 못하겠다.
(과대망상증誇大妄想症에 걸려서 사물을 제대로 판단判斷하지 못한다는 뜻이다)

스카비오사•이루어질 수 없는 사랑

배 지나간 흔적 없고, 씹한 흔적 없다.

비역은 한 놈이 소문을 내고, 씹은 준 년이 소문을 낸다.
(남자끼리 성행위性行爲는 남자 역할을 한 사람이 발설發說을 하고, 남녀 간에 한 성행위는 여자가 발설한다는 뜻이다)

아이 낳는 데 와서 씹하자는 격이다.
(남은 생사生死를 걸고 일하는데 제 욕심慾心만 차리려고 하는 사람을 비유한 말)

아게라텀•믿음, 신뢰

♥ 술에는 공술이 있어도 씹에는 공씹이 없다.

심술궂은 시어머니 건기침에 씹판 깨진다.
(시어머니와 한방을 쓰는데, 어쩌다가 성교性交를 시작할 때 시어머니 건기침으로 도중하차시킨다는 뜻이다)

어미 씹에 새끼 좆 걸리듯 한다.
(자식은 어미의 행실行實을 닮기 때문에 어미는 행실을 잘해야 한다는 것이다)

닭의 장풀•순간의 즐거움, 그리운 사랑

씹에는 선생先生도 없다.

(성교性交는 배우지 않아도 다 알게 된다는 뜻)

얼굴 박색薄色은 있어도 씹 박색은 없다.

(얼굴이 아무리 박색인 여자도 성생활性生活을 하게 된다는 것이다)

여자는 씹이 밑천이다.

(여자는 밑천이 없어도 성기性器를 잘 놀리면 큰돈도 벌 수 있다는 뜻이다)

갯무꽃•바람 같은 삶

♥ 촌녀이 늦바람나면 속옷 밑에 단추를 단다.
(순진한 여자가 바람나면 부끄러운 줄 모른다는 뜻이다)

젊은 보지는 뿌듯한 맛으로 하고, 늙은 보지는 요분질(상하좌우 흔들어 주는 것을 말함) 맛으로 한다.

오동통 살찐 보지 좆만 보면 방긋 벌어진다.
(젊은 남녀가 알몸을 대게 되면 성욕性慾이 폭발하게 된다는 뜻)

목마가렛•자유, 진실한 사랑

염치廉恥없는 것이 씹이다.
(남녀성교男女性交에 있어서는 염치가 필요 없다는 뜻이다)

오입쟁이가 인물人物보고 하나, 씹 보고 하지.
(오입질하는 사람은 인물 보고 성교性交하는 것이 아니라 기회機會만 있으면 한다는 것이다)

인사人事하지 않는 놈이 쇠 씹한다.
(평소平素에 말 한마디 않는 놈이 엉뚱한 짓을 잘하는 것을 이르는 말)

배풍등•참을 수 없어

♥ 좆도 모르고 송이버섯 따러 간다.
(송이 모양이 남자 성기와 닮았다는 것을 말함)

중은 씹을 해도 무릎을 꿇고 한다.
(사람은 자기의 습성을 버리기가 매우 어렵다는 것이다)

만만한 년은 제 서방도 못 데리고 잔다.
(마음 약한 사람은 자기 것도 마음대로 못 한다는 뜻이다)

분홍 카네이션•여성의 사랑, 열애

씹주고 인심 잃는다.
(행동行動을 잘못하면 소중한 것을 주고도 매를 맞는다는 뜻)

중이 씹 맛을 알면 부처에게도 덤빈다.
(한번 매혹魅惑을 당하게 되면 본정신을 잃게 된다는 뜻이다)

촌년이 바람나니까 씹에 불이 난다.
(순박한 여자가 바람이 나면 남의 이목도 무서워하지 않는다는 것이다)

애기똥풀•엄마의 지극한 사랑, 몰래 주는 사랑

♥ 씹에 귀천貴賤이 없다.
(성관계性關係에서는 신분의 구애拘礙를 받지 않는다는 뜻)

꽃뱀에게 잘못 물리면 씹도 씹같이 못하고 망신만 당한다.
(섣불리 화류계花柳界 여자와 오입誤入질을 하다가는 망신만 당한다는 뜻이다)

굶어도 엉덩방아 맛으로 산다.
(가난한 사람의 유일한 낙은 부부간에 성교性交하는 일밖에 없음을 말함)

기와집이 서방이고 쌀밥이 좆이냐?
(돈만 있다고 젊은 여성이 독신으로 살 수는 없다는 것이다)

떡장수 떡 주무르듯, 과부寡婦 좆 주무르듯 한다.
(먹고 싶거나 가지고 싶은 것을 만지작거리는 사람을 비유한 말이다)

여자 얼굴 자랑은 씹 자랑이다.
(여자가 얼굴 자랑을 하는 것은 남자를 유혹誘惑하는 수단이라는 뜻이다)

퇴계 이황과 백사 이항복

감사합니다

고맙습니다.

사랑합니다.

■ 퇴계 이황과 백사 이항복

조선 왕조 14대 임금인 선조宣祖때의 일이다.

퇴계退溪 선생이 벼슬에서 물러난 후, 선조의 부름으로 입궐하게 되었는데 퇴계를 맞이한 백관百官들은 퇴계의 성리학性理學에 대하여 알고 싶은 것이 많아 남문 밖의 한가한 곳으로 안내했다.

그때 어린 소년이 나타나 퇴계에게 절을 하면서,

"소생小生 듣자 하니, 선생께서는 독서讀書를 많이 하여 모르는 것이 없다고 하기에 여쭈어봅니다.
여자의 소문小門을 '보지'라 하고, 남자의 양경陽莖을 '자지'라 하니 그것은 무슨 까닭입니까?"

퇴계는 얼굴빛을 고치고 자세를 바로 한 후,

대답하기를,

"여자의 소문小門은 걸어 다닐 때 감추어진다 해서 걸을 '보步', 감출 '장藏', 갈 '지之' 세자로 '보장지步藏之'라 한 것인데 말하기 쉽도록 감출 '장藏'을 빼고 '보지'라 한 것이고, 남자의 양경은 앉아있을 때 감추어진다고 해서 앉을 '좌座', 감출 '장藏', 갈 '지之' 세자로 '좌장지坐藏之'라 한 것인데 이것 역시 말하기 쉽도록 감출 '장藏' 을 빼고 좌지라 한 것을 잘못 전해줘 발음이 변해 '자지'가 된 것이다."

소년, "잘 알겠습니다."하면서 다시 물었다.

"그런데 어른이 된 여자의 보지를 '씹'이라고 하고, 남자의 자지를 왜 '좆'이라고 합니까?"

퇴계가 다시 대답하기를,

"여자는 음기陰氣를 지녀, 보지에 물기가 있기에 축축할 '습濕' 자 발음을 따라 '습'이라 한 것인데 우리말의 된 소리 때문에 습이 씁으로, 이것이 발음하기 편하게 변해 '씹'이 된 것이란다.

남자는 양기陽氣를 지녔기 때문에 건조할 '조燥'자의 발음으로 '조'라 한 것인데 이것 역시 된소리로 '좆'으로 변한 것이다."

소년은, "말씀을 듣고 나니 이치理致를 알겠습니다." 하면서 천연덕스럽게 물러가자.

백관들은 어이가 없다는 듯 서로 얼굴을 바라보면서 "뉘 집 자식인지 발랑 까져서, 싸가지 없는 말을 하는 것을 보니 분명 버린 자식일 거야."

퇴계가 이 말을 듣고 엄숙한 목소리로 백관을 나무라면서, 다만 음陰과 양陽이 서로 추잡하게 합하여 사람 마음이 천박해지는 것을 꺼리는 까닭에 쉽게 입에 올리지 않는 것이지, 순수한 마음으로 말할 적에는 백번을 말하기로써 무엇이 부끄럽겠습니까?

모든 사람이 부모에게서 태어날 때 이미 '자지'와 '보지'를 몸의 일부분으로 가지고 태어나는 것이 자연自然의 이치요, 또 말과 글을 빌어 그것들에 이름을 붙여 부르는 것이 너무나 당연한데, 자지, 보지, 씹, 좆 이런 말을 입에 올리는 것이 무슨 잘못이라는 말이요?
두고 보십시오.

"저 소년은 장차 이 나라의 큰 인물人物이 되어 음양의 조화調和와 변화變化에 맞게 세상을 편안하게 이끌어나갈 인재가 될 것이요."

이 어린 소년이 바로 오성과 한음의 주인공으로 어린이 위인전에 반드시 나오는 오성 대감 즉 백사 이항복이다.

‘음양’의 이치

감사합니다

고맙습니다.

사랑합니다.

■ 보지, 자지, 씹, 좆의 어근

보지, 자지, 씹, 좆이라는 단어單語를 꺼리는 이유는 사람들이 자주 사용使用하지 않아서 왠지 천박淺薄해 보여서다.

우리가 정확히 몰라서 그렇지 오히려 권장하고 발전發展시켜야 할 고유固有의 아름다운 말이다.

결국 보지, 자지, 씹, 좆은 본래 종자種子 즉, '씨'라는 한 가지의 뜻을 담고 있다.

'씹'은 '여자 어른의 보지'로서 남자의 씨(정액)를 받아 아이를 만드는 초입初入의 구실을 한다는 것이고,

'씹'은 '씨'와 '입'의 순수 우리말의 복합어(複合語)로, 씹입.....씹.....씨의 입(口)이라는 뜻이다.

이 또한 얼마나 아름다운가?

아름답다 못해 낭만적浪漫的이다.

몸의 일부 일지언정, 의인화擬人化시켜서 생각하는, 우리 조상들의 인본주의人本主義사상이 곁들어 있는 말이 바로 '씹'이다.

평소 이런 우리말을 자주 쓰지 않으면 나중에 이 아름다운 뜻을 가진 말들은 모두 사라지게 된다.

문화적 사대주의가 별것 아니다.

팝송을 부르고 일본 만화를 밤새보는 게 사대주의가 아니라 보지, 자지, 씹, 좆과 같은 순수한 좋은 우리말을 천시賤視하고, 내팽개쳐두는 것이 바로 문화적 사대주의이다.

오늘부터 당신의 연인戀人이나 배우자와 사랑을 속삭일 때 섹스sex란 외래어보다 당당히 보지와 자지, 그리고 씹과 좆을 말해 보시라.

성교性交 한번 하자. 섹스 한번 하자가 아니라, 씹 한번 하자라고 하면, 사랑이 더욱더 불타오를 것이다.

■ '좆'과 '씹'은 주역周易의 이원론二元論이다.

우리나라 욕辱은 동양 사상의 주축인 주역의 이원론이라고 말할 수 있다. 이원론은 바로 음양陰陽의 조화로 인해 세상이 움직이고 있다는 이론이다. 구체적인 예로서 '좆'과 '씹'을 말하는 것이다.

욕 가운데 가장 많은 응용應用과 변형變形이 되고 있는 것이 바로 '좆'과 '씹'이다. 아이러니컬하게도 '좆'과 '씹'은 욕辱과는 거리가 먼 단어다.

국어사전적으로 좆=어른의 자지,

씹=어른의 보지 혹은 성행위性行爲를 말한다.

즉, 어른의 성기性器를 나타낸 말이다.

성교性交를 나타내는 말로 '좆'한다가 아니라 '씹'한다라고 한다.

그 이유는,

우리나라는 예로부터 농경 국가農耕 國家였기 때문에 다산多産을 기원하는 마음으로 성행위에 대하여 다분히 메커니즘Mechanism적 사고를 잠재적으로 가지고 있었다고 본다.

그래서 성행위시 들이미는 즉, 능동적能動的행동이 아니라, 받아들인다는 수동적受動的의미로서, 좆을 삽입插入한다는 뜻으로 '좆' 한다가 아니라, '씹'한다라고 성행위를 표현하고 있다.

유식해 보이기 위해 소위 '좆'을 한자어漢字語로 양물陽物로, '씹'을 음문陰門로, '씹'하자를 영어로 섹스sex하자고 하는 것은, 너무나 아름다고 너무나 낭만적浪漫的인 순 우리말, '씹'과 '좆'을 한없이 무시하는 것이다.

소위 '씹'과 '좆'이 욕이라고 인정하더라도, 욕은 우리들의 일상생활에서 떼려야 뗄 수 없는 언의 수단이다. 인간이 아니고서는 욕을 할 줄 모른다.

역설적逆說的으로 욕은 가장 인간다운 것이자, 언어의 양념이다.

감사합니다

고맙습니다.

사랑합니다.

김삿갓의 詩,
嚥乳三章
연유삼장

감사합니다

고맙습니다.

사랑합니다.

■ 김삿갓의 詩, 嚥乳三章 연유삼장

父嚥其上 婦嚥其下 (부연기상 부연기하)
"시아비는 며느리 유방을 빨고, 며느리는 그 아래를 빠네."

上下不同 其味卽同 (상하부동 기미즉동)
"위와 아래는 같지 않지만, 그 맛은 한가지일세."

父嚥其二 婦嚥其一 (부연기이 부연기일)
"시아비는 그 둘(유방)을 빨고, 며느리는 그 하나를 빠네."

一二不同 其味卽同 (일이부동 기미즉동)
"하나와 둘은 같지 않지만, 그 맛은 한가지일세."

父嚥其甘 婦嚥其酸 (부연기감 부연기산)
"시아비는 그 단(젖)곳을 빨고, 며느리는 그 신(정액)곳을 빠네."

甘酸不同 其味卽同 (감산부동 기미즉동)
"단것과 신 것이 같지 않지만, 그 맛은 한가지일세."

시아비와 며느리의 불륜관계를 직설적으로 표현한 시다.

불륜의 관계이기는 하지만 성행위性行爲에 있어서 애무愛撫의 농도가 이 정도면 가히 현대판現代版 포르노를 능가한다고 할 것이다.

조선시대의 성적 기교는 현대판보다 한 수 위가 아닐까 싶다.

여기서 上, 二, 甘(감)은 며느리의 젖을 말하고
下, 一, 酸(산)은 시아버지의 좆을 뜻한다.

감사합니다

고맙습니다.

사랑합니다.

조도 섬에 얽힌 전설傳說

감사합니다

고맙습니다.

사랑합니다.

■ 조도섬에 얽힌 전설傳說

조도 섬은 원래 좆노 섬이었나.

좆도 섬 행정구역行政區域은, 좆도道 크군郡 쑤시면面 물나리里였으며, 배를 타고 섬 입구에 도착하면 표시판에는, '여기서부터는 좆도입니다'라고 적혀 있었고, 섬을 지나가면 '여기서부터는 좆도아닙니다'라고 적혀 있었다.

좆도 섬에는 여왕女王이 살고 있었는데, 그 여왕 이름이 '좆에 피나리'였으며, 여왕이 살았던 궁궐宮闕을 자궁子宮이라 불렀다.

또한 여왕을 지키는 호위병護衛兵들의 부대部隊 이름은 자위대自慰隊, 생리대生理隊, 정조대貞操隊였고, '자위대'는 한 팔과 다섯 손가락으로 열심히 싸웠는가 하면, '생리대'는 피 터지게 싸웠으나, 아쉽게도 '정조대'가 싸운 내용은 문헌文獻에 기록으로 남아있지 않다.

여왕이 살고 있는 자궁 앞에는 큰 길이 있었는데, 그 길 이름은 길 로路자를 써서 '좆 꼴리는 대로大路'였으며, 좆 꼴리는 대로를 지나가는 양엽에 큰 숲이 있었고, 그 숲 이름은 수풀 림林자를 붙여서 '좆 꼴림'이라 하였다.

좆 꼴리는 대로와 좆 꼴림 숲을 지나 마지막 벌판에 다다르면 큰 무덤이 나타나는데, 그 무덤에 언덕 능陵자를 써서 '발기불능勃起不陵'이라 하였고, 발기불능 앞에는 큰 비석碑石이 서 있었는데, 그 비석에는 '왕王 자지 묘墓'라고 쓰여 있었다.

또한 좆도 섬에는 쌀이 많이 수확收穫되었다. 그 쌀 이름을 쌀 미米자를 써서 '니기미'라고 불렀으며, 쌀을 생산하기 위해 벼를 타작하려면 탈곡기脫穀機가 필요하였고, 좆도 섬 탈곡기는 시동을 걸면 그 소리가 고약하게도 '불알 털털 불알 털털' 이라고 외쳤다. 벼를 타작하고 난 후 지게를 이용하여 곳간으로 옮기야 하는데 그 지게 이름이 '좆빠지게'였다.

좆도 섬에는 기름(참기름, 들깨 기름 등)이 많이 생산되었고, 그 기름 이름은 기름 유油자를 써서 '좆까유'라고 지었는가 하면, 좆도 섬에는 금, 은, 구리 등 광물질이 풍부하였다. 그중 구리가 다양하게 생산되어 그 종류를 좆탱구리, 씹탱구리, 빠구리라고 구별하여 불렀다.

또한 좆도 섬에는 어자원魚資源이 풍부함과 동시에 그 생선 이름들은 '빨어, 핥터, 막핥터 오르가즘돔' 이라고 불리었다.

좆에 피나리 여왕이 등극登極 한 지 십팔 년이 되던 해에 좆도섬 고수부지高水敷地에서 연날리기 대회大會가 열렸는데,

아나운서 왈, "좆도 섬 국민國民 여러분! 기뻐하십시오. 좆에 피나리 여왕이 지금 막 대회에 참석하였습니다"라고 말하는 순간,

첫 번째 연이 하늘 높이 창공蒼空을 날르자 흥분한 아나운서는 당황한 나머지

"좆도 섬 국민 여러분! 국민 여러분! 드디어 한 년이 떴습니다"라고 외쳤고,

두 번째 연이 떠오르자

"좆도 섬 국민 여러분! 드디어 쌍년이 떴습니다"라고 말하는 순간

이연, 저연, 많은 연들이 막 하늘에 떠오르자

아나운서는

"여러분! 여러분! 뭇 잡년들이 떼거지로 떴습니다"

라고 목청껏 외쳤다.

세월歲月이 흘러흘러 조선朝鮮 제4대 임금인 세종대왕世宗大王이 한글을 만들어 백성들에게 널리 알리니 좆도 섬의 '좆'이 천하天下의 둘도 없는 욕인지라 좆에서 아래 'ㅈ'을 떼라고 명命하였다. 이에 명실상부名實相符 좆도 섬이 '조도 섬'으로 변천되었다는 전설이 전해지고 있다.

감사합니다

고맙습니다.

사랑합니다.

성경 속의
다섯 여자

감사합니다

고맙습니다.

사랑합니다.

■ 성경(聖經) 속의 다섯 여자

신약 성경新約 聖經 맨 처음 즉, 마태복음 제1장에 의하면 예수 그리스도의 족보族譜가 실려있으며, 이 족보에 등장하는 여인은 다말, 라합, 룻, 마리아 그리고 다른 한 명의 이름은 직접 언급하지 않고 '우리야'의 아내로 나온다.

제일 먼저 등장하는 여인, **'다말'**

'다말'은 이스라엘이라는 별명別名을 가진 야곱의 열두 아들 중 넷째 즉, 예수의 조상祖上이 된 유다의 며느리였다.

유다는 세 아들을 낳았는데 '다말'은 그중 첫째와 결혼結婚하였지만 불행하게도 자식없이 남편이 사망하자, 이스라엘 풍습風習에 따라 둘째 아들 '오난'과 재혼하게 되었다.

오난은 다말로부터 자식이 태어나면 죽은 형의 아들이 되어야 하는 풍습에 불만을 품고 다말과 동침同寢할 때 마다 소위 질외 사정射精을 해버리자 하나님이 노하셔서 오난을 죽게 하였다.

(요즘 자위행위를 '오나니'라고 부르게 된 유래도 '오난'에서 시작되었다)

당시 풍습에 의하면 셋째 아들과 '다말'이 다시 결혼을 해야 함에도, 시아버지인 유다는 아들이 어리다는 이유로 이 핑계 저 핑계로 미루다가 아들이 장성하여도 결혼 승낙을 하지 않자, 다말은 홀아비인 시아버지가 자주 가는 사창가私娼街로 들어가 창녀娼女로 분장하여 시아버지 유다와 정사情事를 나눈 후 쌍둥이를 낳았고, 그 쌍둥이 중 한 명이 예수 그리스도의 조상이 되었다.

두 번째 나오는 여인, **'라합'**

'라합'은 기생妓生이었다. 더군다나 이스라엘 민족도 아닌 이방인이었으며, 당시(지금도 마찬가지이지만) 이스라엘 사람들은 다른 민족民族 사람들을 개처럼 여기면서 사람 취급을 하지 않았다.

그런데도 '라합'은 예수의 족보에 오르는 영예로운 여인 중 한 명이 된 것이다.

세 번째 나오는 여인, **'룻'**

'룻' 역시 이방인이었다. 흉년凶年을 피해 룻이 사는 지방으로 이주해 온 이스라엘 청년과 결혼을 하였지만 남편이 일찍 죽었다. 당시 룻에게는 '나오미'라는 시어머니가 있었으나 남편이 죽고 룻의 남편을 포함한 두 아들 마저 죽자, 룻의 시어머니 나오미는 이방인인 두 며느리를 자유롭게 보내고 혼자서 고향 땅인 이스라엘로 돌아가고자 두 며느리의 의사를 타진해 본다.

그 때 한 며느리는 좋다고 하면서 본인이 살고 싶은 곳으로 보따리를 싸서 떠났지만, 룻은 죽어도 시어머니를 따라가 죽겠다고 하여 결국 시어머니 나오미는 룻과 함께 이스라엘로 돌아갔다.

그 후 시어머니는 친척인 동네 부자와 룻을 재혼再婚시켰고 거기서 태어난 아이가 바로 저 유명한 '다윗 왕'의 할아버지다.

네 번째 나오는 여인, 우리아의 아내 **'밧세바'**

어쩌면 억울하게 죽은 '우리아'를 기리기 위해 밧세바란 이름 대신 남편의 이름인 우리아를 마태복음에서 기록하고 있는지도 모른다.

그토록 유명한 '다윗 왕'이 발코니를 산책하다가 건너 집에서 목욕하는 여인의 자태姿態에 반하여 이성을 잃은 나머지 여인을 차지하기 위해 남편의 신상을 알아보니, 전쟁터에서 가장 열심히 싸우고 있는 자신의 병사였다. 다윗 왕은 일부러 우리아를 최전방으로 보내어 전사하게 한 후 그의 여인을 차지하였으니 그가 바로 우리아의 부인 '밧세바'이다.

그렇게도 훌륭했던 다윗 왕도 여인의 매혹에 빠져 무서운 범죄犯罪를 저지르고 말았던 것이다.

다윗왕과 밧세바 사이에 두 아들이 태어났지만 하나님이 벌을 주어 첫째 아들은 일찍 죽었고, 두 번째 아들이 바로 이스라엘 민족의 영웅 '솔로몬' 이다. 이 또한 얼마나 기막힌 사연인가?

마지막 여인 **'마리아'**

'마리아'는 우리 모두가 너무도 잘 아는 분이다. 처녀로서 임신하는 바람에 돌에 맞아 죽을 뻔한 기구한 운명이었지만 결국 인류人類 역사상 가장 위대한 인물 중 한 분인 '예수'의 어머니가 된 성모 마리아다.

감사합니다
고맙습니다.
사랑합니다.

여자의 전설

초판 발행 | 2023년 5월 1일

지 은 이 | 박해양
발 행 인 | 김길현
발 행 처 | (주)골든벨
등 록 | 제 1987-000018 호
I S B N | 979-11-5806-616-1
가 격 | 16,000원

이 책을 만든 사람들

책 임 교 정 | 박혁
디 자 인 | 조경미, 엄해정, 남동우
웹매니지먼트 | 안재명, 김경희
공 급 관 리 | 오민석, 정복순, 김봉식
교 정 | 김지희
제 작 진 행 | 최병석
오프마케팅 | 우병춘, 이대권, 이강연
회 계 관 리 | 김경아

㊞04316 서울특별시 용산구 원효로 245(원효로1가) 골든벨 빌딩 5~6F
• TEL : 도서 주문 및 발송 02-713-4135 / 회계 경리 02-713-4137
내용 관련 문의 02-713-7452 / 해외 오퍼 및 광고 02-713-7453
• FAX : 02-718-5510 • http : // www.gbbook.co.kr • E-mail : 7134135@ naver.com